HECTOR FLEISCHMANN

LE MUSÉE SECRET DE L'HISTOIRE

NAPOLÉON & L'AMOUR

95 Centimes

ÉTRANGER : 1 fr. 25

LES AVENTURES GALANTES AU PALAIS ROYAL · LES MAÎTRESSES DU PREMIER CONSUL · LES PASSADES DE L'EMPEREUR · LES AMOURS DE NAPOLÉON · UN BÂTARD IMPÉRIAL

Napoléon à la Malmaison

LES PUBLICATIONS MODERNES
62, RUE DE PROVENCE, PARIS

NAPOLÉON ET L'AMOUR

HECTOR FLEISCHMANN

NAPOLÉON
ET L'AMOUR

UNE AVENTURE GALANTE AU PALAIS-
ROYAL. -- LES MAITRESSES DU PREMIER
CONSUL. -- LES PASSADES DE
L'EMPEREUR. -- LES DEUX FEMMES DE
NAPOLÉON. -- UN BATARD IMPÉRIAL.

Avec 55 Illustrations documentaires,
portraits et autographes.

❧

PARIS
LES PUBLICATIONS MODERNES
62, rue de Provence

1909

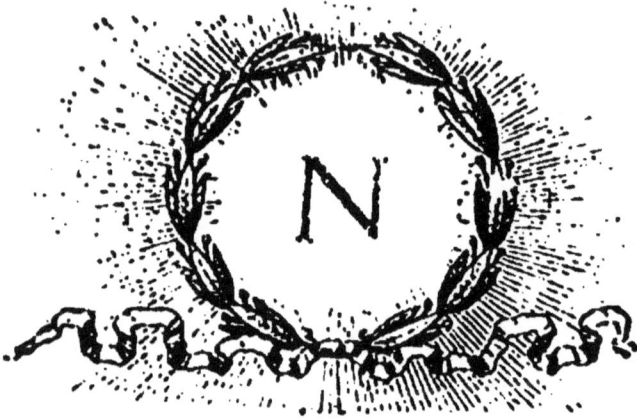

I

UNE AVENTURE GALANTE
AU PALAIS-ROYAL

Par une glaciale soirée de novembre, un jeune homme en habit râpé, aux cheveux longs, coiffé en *oreilles de chien*, sortit du Théâtre Italien, situé entre les rues Favart et Marivaux (1). Le vent de la nuit sifflait dans les étroites ruelles, et, ayant relevé le collet de son habit militaire, le jeune homme se dirigea vers le Palais-Royal.

---

(1) Malgré son titre le Théâtre Italien jouait des pièces françaises avec des acteurs français. On l'appelait aussi le théâtre Favart ou l'Opéra-Comique. Il brûla le 25 mai 1887.

En cette année 1787, il n'était point tout à fait ce qu'il devait être à partir de 1789 et surtout de 1793, ce Palais-Royal qui attirait « le monde par le prestige murmuré aux oreilles masculines de ses « sérails ». Néanmoins les femmes galantes y étaient nombreuses, quelques-unes jolies, toutes impertinentes et effrontées. Leur nombre, à l'époque, était considérable, si l'on en croit un contemporain, qui évalue à 70,000 les filles galantes de Paris, publiques ou faisant « la contrebande en secret ». De neuf heures du matin à minuit, les galeries de bois du Palais-Royal, éclairées le soir par les lampes de l'invention du sieur Quinquet, servaient de champ d'exercice à des demoiselles dont l'âge variait entre douze et quarante ans. Les plus huppées, celles dont la mise révélait la prospérité commerciale, étaient admises dans les trente et une maisons de jeu du Palais-Royal (1). Du tapis vert, le gain des joueurs heureux et prodigues passait dans leur escarcelle toujours vide et toujours avide. Les moins favorisées se contentaient des aubaines offertes par les étrangers ou les galants de rencontre dans les galeries. Tel était le milieu où tombait le jeune homme à l'habit râpé sortant du Théâtre Italien.

A la lueur des lampes, on pouvait nettement distinguer sa taille étroite et maigre, sa figure jaune, creusée,

(1) Ces maisons de jeux étaient situées aux nᵒˢ : 14, 18, 26, 29, 33, 36, 40, 44, 50, 55, 65, 80, 101, 113, 121, 123, 127, 145, 167, 190, 191, 192, 193, 200, 201, 203, 209, 210, 232, 233, et 256. Paris comptait, à cette époque, 4.000 maisons de jeu. C'est du moins ce que déclara Charon, l'orateur de la Commune de Paris, à l'Assemblée nationale.

son menton volontaire et la belle courbe de son nez aux ailes fines, transparentes, frémissantes. Sous les cheveux noirs épars, son front se révélait large, bombé, puissant, et sous l'arc des sourcils vivaient deux yeux

Un manuscrit de jeunesse de Napoléon.

admirables, pensants, caressants, dominateurs, des ‹yeux de velours ›, dit quelqu'un qui, dès cette époque, en garda le souvenir.

Le jeune homme franchit les portes de fer du Palais-Royal et, résolument, s'engagea dans la foule bruyante qui l'encombrait.

Autour de lui c'était le tourbillon de la vie galante, les « nymphes » du plaisir commun qui le frôlaient de leurs robes légères, de leurs écharpes soulevées par le vent, lui souriant de leurs dents éclatantes dans la pourpre vive des lèvres soigneusement et habilement fardées. Sous le linon des robes de parade garnies de fourrure, se gonflaient les jeunes seins tendus vers le désir amoureux, se cambraient les belles poitrines, et sous de molles étoffes on devinait les tailles souples et fines, ces beautés secrètes bien faites pour exciter et exaspérer la continence des jeunes gens pauvres brusquement transportés dans le paradis des luxures et des voluptés. Paradis défendu, en même temps, car comment le jeune homme maigre, au pauvre habit, aurait-il pu se payer le plaisir offert par les belles pécheresses de ce soir ?

Lieutenant en second d'artillerie avec une solde mensuelle de 71 livres et 5 sous, il sentait, au fond de sa poche, le dernier écu glisser sous sa main inquiète et moite, et cette pauvre somme ne pouvait que lui accorder des voluptés à prix réduits, mesquines et tristes. Certes, son visage maigre et jaune, son air de sévère exaltation, n'étaient guère faits pour lui attirer des passions désintéressées. L'amour vénal n'est point frère de la pauvreté.

Ainsi, accablé sous la rigoureuse réalité, il se promenait, la tête grisée par tous ces violents parfums

féminins, le cerveau envahi par mille images voluptueuses qui lui représentaient ces corps tièdes et
dévêtus, ces seins palpitants, ces tailles graciles aux
courbes onduleuses, ces fines jambes cuirassées
de bas de soie blanche à jours, ces pieds déli-
cats, haussés par les talons étroits et hauts des
chaussures luxueuses. Tout, dans ce Palais-Royal
nocturne, semblait fait pour le plaisir. Les restau-
rants brillaient de toutes leurs lumières, avec les sou-
peurs en habit brodé, en perruques poudrées, à côté
des femmes mi-dévêtues dans leurs robes élégantes ; les
cafés avec leurs buveurs joyeux et les filles presque ivres.
[§]Admirable et triste spectacle pour un jeune homme
pauvre, au cœur passionné, à la nature ardente ! De
tels tempéraments ne savent pas résister longtemps à
la tentation, et ce fut ce qui poussa le jeune lieutenant
vers une de ces filles dont le troupeau rieur et jacasseur
faisait des Galeries de Bois une volière pleine de parfums et de bruits. Cette fille était pâle et excessivement
jeune. Du moins ainsi parut-elle aux yeux du jeune
homme qui brusquement, prenant son courage à deux
mains, l'aborda.

— Vous devez avoir bien froid, lui dit-il; comment
pouvez-vous vous résoudre à passer dans les allées ?

Elle tourna son regard las vers l'interlocuteur, le
toisa, reconnut sans doute sa pauvreté, et, d'une voix
douce, répondit en fille habituée à confesser l'amer-
tume des mauvaises heures :

— Ah ! monsieur, l'espoir m'anime. Il faut terminer
ma soirée.

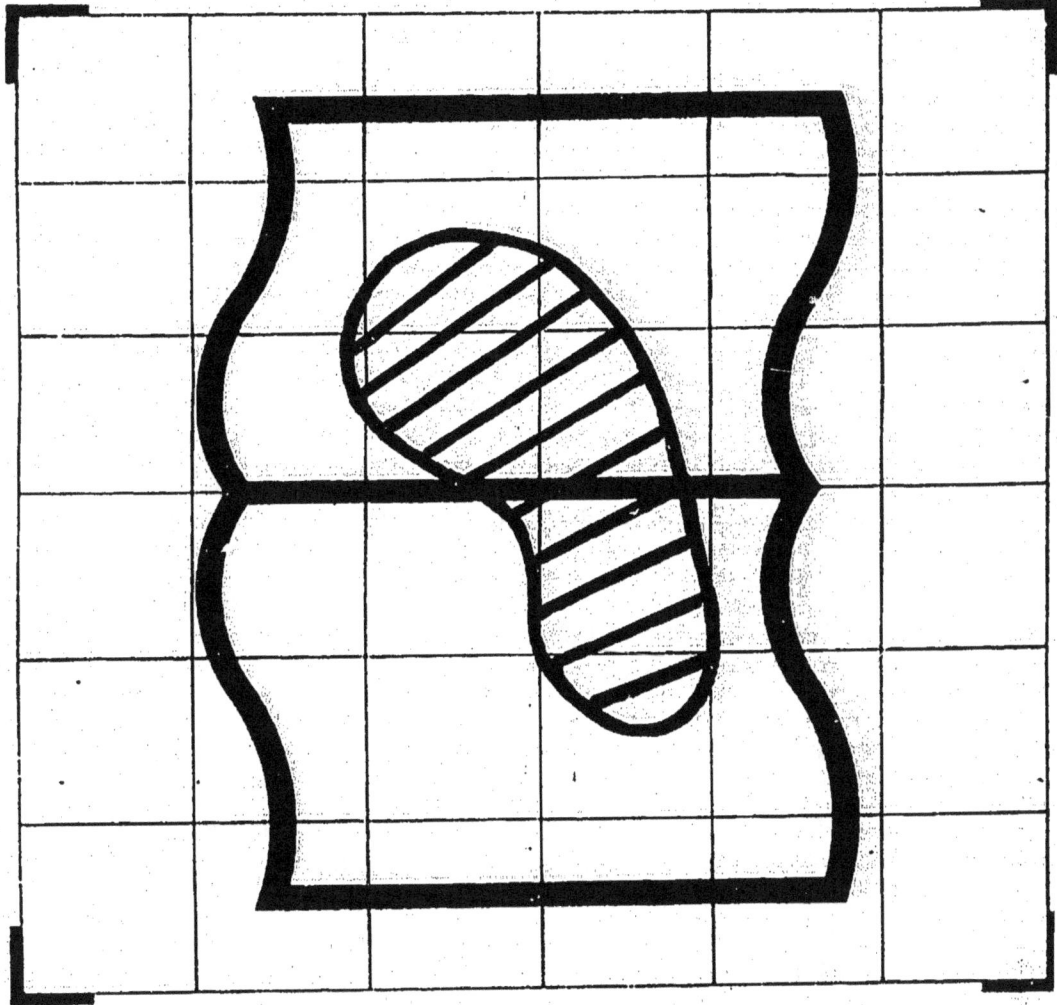

Il y avait dans la voix de cette femme tant d'indifférence, tant de lassitude, que le jeune homme pour qui l'inconnu féminin avait gardé encore tous ses secrets, s'enhardit à dire :

— Vous avez l'air d'une constitution bien faible.

Et naïvement, de l'air d'un connaisseur, il ajouta :

— Je suis étonné que vous ne soyez pas fatiguée du métier.

Cette jeune insolence ne toucha guère la fille. N'était-ce pas son « métier », en effet, qui l'obligeait à la soumission devant les grossièretés et les impertinences des clients éventuels ?

— Ah ! dame, monsieur, riposta-t-elle, avec un léger sourire et comme si elle s'excusait, il faut bien faire quelque chose.

Ayant pris le ton de la supériorité et voyant que rien ne s'opposait à ce qu'il le gardât, le lieutenant observa :

— Cela peut-être, mais n'y a-t-il pas de métier plus propre à votre santé ?

— Non, monsieur, il faut vivre.

Cette triste et lamentable parole de prostituée ravit le jeune homme. Aux questions qu'il avait tenté de leur poser, les autres filles avaient refusé de répondre autrement que par des injures ou des ricanements. Celle-ci se prêtait bénévolement, avec une résignation lassée, à l'expérience amoureuse qu'il se proposait. La conversation continua, tandis que la foule ne cessait de les entourer de ses remous toujours agités.

— Il faut que vous soyez de quelque pays septen-

Les quatre saisons de l'Amour et de la Mode, par Dorgez.

(Almanach des modes et de la parure, 1805.)

trional, car vous bravez le froid ? questionna le lieutenant.

Septentrional ?... Le mot était neuf et inconnu, sans doute, pour la fille. Elle dit simplement :

— Je suis de Nantes, en Bretagne.

Le lieutenant sourit silencieusement. Il allait profiter de cette naïve inexpérience pour contenter sa curiosité en éveil, exaspérée par le spectacle qu'il avait sous les yeux.

— Je connais ce pays-là... dit-il.

Rien n'inspire davantage la confiance que le souvenir brusquement évoqué de la ville natale, du pays quitté. Parler de la patrie lointaine et absente, quel moyen plus captieux, plus sûr aussi, de conquérir la confiance d'une fille abandonnée, misérable, déchue, qui se sent si lamentablement seule au milieu de la fête joyeuse d'une vie de plaisirs dont elle est la victime, la damnée? Le regard de la fille dut apprendre au jeune homme qu'il avait touché juste. Aussitôt, il brusqua les choses.

— Il faut, mademoiselle, que vous me fassiez le plaisir de me raconter la perte de votre p..... (1)

La femme, habituée aux fantaisies des clients, répondit :

— C'est un officier qui me l'a pris.

———————

(1) Les termes de cette conversation sont scrupuleusement empruntés au manuscrit de Napoléon, contant cette aventure en détail. M. Frédéric Masson a publié pour la première fois ce manuscrit dans la revue *Les Lettres et les Arts* et l'a reproduit ensuite dans *Napoléon et les femmes* et *Napoléon inconnu*.

— En êtes-vous fâchée ?

— Oh ! oui, je vous en réponds ! Ma sœur est bien établie actuellement. Pourquoi ne l'eussé-je pas été ?

NAPOLEON I^{ᵉʳ} EMPEREUR DES FRANÇAIS
ET ROI D'ITALIE

que ton cœur satisfait
contemple l'image d'un père
qui dit pour toi n'avoir rien fait,
quand il lui reste encor à faire.

Un portrait populaire de 1806.

— Comment êtes-vous venue à Paris ?

— L'officier qui m'avilit, que je déteste, m'abandonna. Il fallut fuir l'indignation d'une mère. Un
second se présenta, me conduisit à Paris, m'abandonna, et un troisième, avec lequel je viens de vivre
trois ans, lui a succédé. Quoique Français, ses affaires
l'ont appelé à Londres et il y est.

Et convaincue d'avoir satisfait le caprice érotique
du client, de l'avoir définitivement séduit par sa
complaisance, la fille ajouta :

— Allons chez vous.

Ironiquement le jeune homme demanda

— Mais qu'y ferons-nous ?

— Allons, lui dit la fille en lui prenant le bras,
nous nous chaufferons et vous assouvirez votre plaisir.

Et elle l'entraîna.

Le jeune homme la suivit. Tous deux traversèrent
la foule bruyante que l'heure avancée commençait
cependant à dissiper. Ils atteignirent les grilles de fer
et sortirent du Palais-Royal. La froide nuit de Paris
avec son ciel sombre les enveloppait. Ils marchaient,
serrés l'un contre l'autre, transis par le vent glacial
qui balayait les rues. Le jeune homme guidait la femme.
Ainsi ils atteignirent la rue du Four-Saint-Honoré, à
l'endroit où elle se terminait à l'entrée de la rue Co-
quillière et au milieu de la rue Traînée. C'était une de
ces rues étroites et tortueuses du vieux Paris, éclairée
lugubrement par une lanterne fumeuse qui grinçait
au bout de la tringle de fer rouillé. Devant une porte
basse le jeune homme s'arrêta et heurta l'huis.

Tandis qu'il attendait le bon vouloir du portier, la fille levant la tête, regarda la maison.

Une enseigne garnissait le haut de la porte. A la lueur tremblante de la lanterne, la fille lut :

HOTEL DE CHERBOURG

*
* *

Telle fut, à Paris, la première aventure amoureuse du lieutenant en second au régiment de La Fère, Napoléon Bonaparte.

DE NAPOLÉON CONSIDÉRÉ COMME AMANT

Par ce qui précède — et dont l'aveu nous est resté de sa main — on voit la manière de brutalité cynique apportée par Napoléon en amour. Je sais bien qu'il ne s'agissait là que d'une fille du Palais-Royal, mais outre qu'une femme, quelle qu'elle soit, mérite toujours un certain respect, le fait s'est assez souvent renouvelé dans la vie de l'Empereur pour être considéré comme une habitude. Souvent on lui reprochera ce manque de politesse. Quand la duchesse de Fleury, revenant d'exil, est présentée à la cour, Napoléon lui demande brutalement :

— Aimez-vous toujours les hommes ?

Et la duchesse, du tac au tac, de répondre :

— Oui, Sire, quand ils sont polis.

S'il traite ainsi les femmes, même les mieux nées,

les plus belles, les plus élégantes, c'est qu'en vérité elles comptent peu pour lui. Il l'a avoué à Mme de Rémusat (1) le jour où il lui a déclaré : « Il faut que les femmes ne soient rien à ma cour ; elles ne m'aimeront point, mais j'y gagnerai du repos. » Que les femmes l'aiment ou ne l'aiment pas, peu lui importe, d'ailleurs. « L'amour, dit-il encore, doit être un plaisir et non un tourment. » L'amour, ainsi considéré, apparaît nettement comme une chose animale, mais l'homme qui restaure l'empire latin, fond la France au creuset de son génie, cet homme-là n'a pas le temps de s'arrêter à faire de la sentimentalité. De là à être grossier, il n'y a qu'un pas. Les femmes aiment presque toutes l'élégance en amour, elles réservent les tendresses à la « houzarde » pour les circonstances imprévues. C'est pourquoi Napoléon, qui eut tant de maîtresses, n'eut pas une seule amante. Ses idées en matière d'amour étaient un perpétuel sujet d'étonnement pour les femmes qui l'approchaient.

Un soir, Mme de Staël (2) est présentée à l'Empereur, et comme, avant d'être femme de lettres, elle est simplement femme, la première question qu'elle se hasarde à lui poser est celle-ci :

_____

(1) Mme de Rémusat fit partie de la maison de l'Impératrice Joséphine. Son mari, premier chambellan sous l'empire devint, au retour des Bourbons, préfet de la Haute-Garonne. Le petit fils de Mme de Rémusat a publié ses _Mémoires posthumes_ pleins de détails curieux sur Napoléon et sa Cour.

(2) Mme de Staël, fille du ministre de Louis XVI, Necker, après avoir tenté de séduire l'Empereur fut exilée par lui. Elle mourut en 1817, laissant un nombre considérable de volumes, dont l'ennui est le moindre défaut.

— Quelle femme aimeriez-vous le plus ?

— La mienne, madame, répond laconiquement Napoléon.

Cette brusquerie n'est pas pour déconcerter le terrible bas-bleu.

— C'est tout simple, réplique-t-elle en se mordant la lèvre, mais laquelle aimeriez-vous le plus ?

— Celle qui saurait le mieux conduire son ménage.

C'est une douche glacée sur la poésie sentimentale de l'interlocutrice.

— Cela je le conçois aussi, mais laquelle regarde-riez-vous comme la première des femmes ?

' Cette fois le coup est direct. L'Empereur ne pourra s'empêcher de rendre hommage à son génie littéraire. Et la réponse tombe comme un coup de massue :

— Celle qui ferait le plus d'enfants, madame.

Et l'homme de Marengo lui tourne le dos.

C'est que la femme est pour lui un objet pu..ement physique. Le dernier baiser donné, il déserte la couche tiède encore de son plaisir et retourne à ses travaux. Toute sa vie il restera, même sous la pourpre du sacre, le lieutenant corse qui demande des détails scabreux à ses conquêtes galantes du Palais-Royal.

Un jour, une de ses maîtresses, une actrice (est-ce Mme Branchu, Mlle Duchesnois, Mlle George, Mlle Mars ? on ne sait), au sortir de ses bras, lui demande son por-trait. Il sort de son gousset un Napoléon d'or et lui dit :

— Le voilà...

Cela sent la caserne, certes, mais une fois encore il

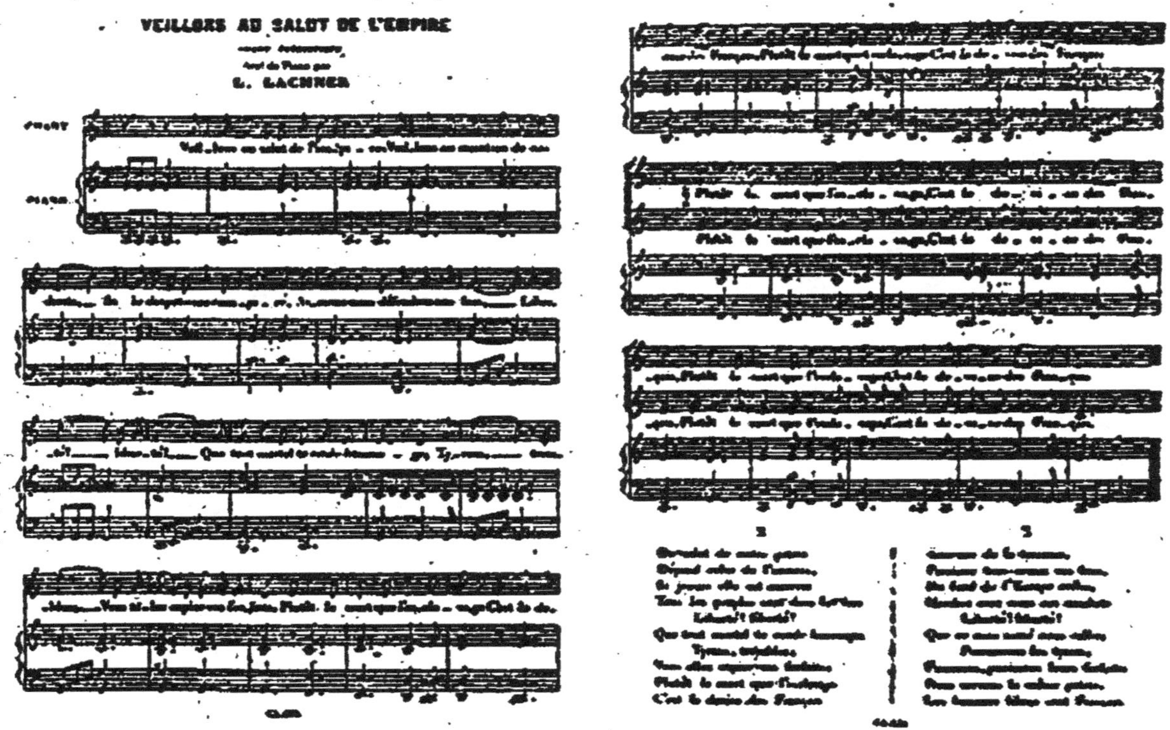

Un hymne de l'Empire.

ramène tout au militaire. N'est-il pas celui qui, dans
un ordre du jour de floréal an X, a commandé péremp-
toirement : « Le premier Consul ordonne : Qu'un
soldat doit vaincre la douleur et la mélancolie de ses
passions. » ? Il a réglementé, embrigadé l'amour,
comme si l'amour ne se riait pas des ordres et de la
volonté humaine. Personnellement il a réalisé ce pro-
dige inattendu, et il entend qu'il en soit ainsi chez
chacun, comme si chacun avait son génie et ses éton-
nantes facultés. « N'ayez que des passades et point de
maîtresses», lui fait-on écrire à Jérôme(1), dans un pam-
phlet de Londres. La lettre est évidemment apocryphe,
mais elle révèle de la part de son auteur une singulière connaissance du caractère de l'Empereur. En
effet, considérons-le en regard d'un des rois galants de
l'ancienne France, en regard de Louis XIV, par exemple. Pour une Montespan, une La Vallière, que de
George, de Gazzani, de Pauline Fourès, de Grassini,
de Duchesnois, et dix autres encore ! Ces liaisons durent
peu, quelques mois, deux ans au plus, avec, quelquefois,
un retour tardif de quelques heures. Sont-ce là des
maîtresses ? Certes, non, et on a raison de lui faire dire
« Rien que des passades ». Tel il fut dès sa jeunesse.
Dans un manuscrit publié par M. Frédéric Masson, il

_____

(1) Jérôme Bonaparte, quatrième frère de Napoléon. Epousa
en Amérique Mlle Patterson, dite « la Belle de Baltimore », l'abandonna, divorça, devint roi de Westphalie et épousa, en 1807, la
princesse Catherine de Wurtemberg. Il régna de 1807 à 1813,
et devint, sous le Second Empire, gouverneur des Invalides et
maréchal de France. Il mourut à Villegenis, en Seine-et-Oise,
en 1860.

écrit : « Un peuple livré à la galanterie a même perdu
le degré d'énergie nécessaire pour concevoir qu'un
patriote puisse exister. » Remplacez *peuple* par *homme*,
et vous avez toute la psychologie amoureuse de
Bonaparte.

L'amour, chez lui, tout en demeurant brutal, vif,
spontané et ardent, est surtout prompt. Ses maîtresses, il « les aima rapidement et sans phrases, dit
M. Henri d'Alméras, dans son ouvrage sur Pauline
Bonaparte; il ne leur consacra pas trop de temps. »
Peu ou point de respect pour ce grand sentiment
humain qui soulève les cœurs. Il semble que le génie
ait atrophié chez lui les qualités du Don Juan. C'est
un Don Juan néanmoins, mais un Don Juan de
bivouac. Le baron H. Larrey, le fils du chirurgien
en chef de la Grande Armée, a conté qu'un jour, après
une bataille, son père vit arriver l'Empereur au quartier
général, l'œil allumé, haletant, nerveux,

— Une femme !... une femme !... criait-il; tout de
suite !... qu'on m'amène une femme !...

Que penser de cette sensualité exaspérée qui se ma-
nifeste ainsi à l'heure où dans les plaines tragiques de
la bataille râlent les blessés, agonisent les mourants ?
Le tempérament corse, italien, ne s'est jamais mieux
révélé qu'en cet instant. Napoléon, peut-on conclure,
n'aima en la femme que la chair: ce soldat ne fut qu'un
sensuel. Il avait connu, pendant de longues années,
la sévère claustration des écoles militaires, « autrement sévères pour les sorties que les écoles modernes »,
a dit un de ses historiens, il avait connu la difficulté

de subjuguer, pauvre et laid, une femme autrement
que par l'argent ; son ardeur avait été longtemps
prisonnière et contenue, et quand enfin elle s'échappa,
ce fut un incendie qui le brûla jusqu'au jour où une
archiduchesse d'Autriche vint, dans son lit, offrir à
son désir flambant des charmes non frelatés aban-
donnés avec une mollesse allemande à sa vigueur corse.

Quand, avec son camarade de l'Ecole d'Auxonne,
des Mazis, il parle de l'amour, il n'a pas assez de malé-

Signature de Savary, duc de Rovigo.

dictions pour accabler ce dont il est privé, lui l'officier
pauvre dont la famille est besogneuse : « Je fais plus
que nier son existence, dit-il, je le crois nuisible à la
société, au bonheur individuel des hommes. Enfin, je
crois que l'amour fait plus de mal que de bien, et que
ce serait un bienfait d'une divinité protectrice que de
nous en défaire et d'en délivrer les hommes ». Quelques années plus tard, toutes ces belles paroles seront
oubliées, quand il s'agira du mariage avec la veuve
du citoyen Beauharnais, guillotiné comme ci-devant
et suspect. Ce sera bien loin et bien oublié, tout cela, en
1810, quand la fille de l'Empereur d'Autriche lui fera

l'honneur de lui accorder sa main, rançon de la victoire française dans les champs de Wagram.

Ce peu de respect pour l'amour se traduit souvent
chez lui par la moquerie la plus cruelle et la plus brutale. Quand Mme de Rovigo, la femme de Savary (1),
sera devenue sa maîtresse,
il apprendra lui-même, par
des sous-entendus équivo-
ques, son infortune au
mari trompé, qui, esclave
de la gloire impériale, se
taira et fermera les yeux,
le meilleur parti à prendre
d'ailleurs avec l'homme à
qui il avait voué sa vie.
Un jour encore, un des
grands dignitaires de l'Empire viendra se plaindre au
Maître des relations adultères de sa femme avec
Joachim Murat, le roi de Naples ·

— Hé ! mon cher, lui dira l'Empereur en souriant,
je n'aurais pas le temps de m'occuper des affaires de
l'Europe, si je me chargeais de venger tous les cocus
de ma Cour.

---

(1) Savary fut un des confidents de Napoléon, « parce qu'il
avait vu le premier Consul pleurer à Marengo », à la mort du géné-
ral Desaix, dit Chateaubriand. C'est une raison un peu spécieuse.
Savary fut nommé, le 3 juin 1810, ministre de la police générale.
Il conserva son poste jusqu'au 1814, et au retour de l'Ile d'Elbe,
Napoléon le nomma pair et premier nspecteur général de la gen-
darmerie. Il ne parvint pas à suivre le vaincu de 1815 à Sainte-
Hélène, et fut proscrit par la Restauration.

Maigre fiche de consolation ! C'est qu'aussi, depuis la campagne d'Italie, alors que Joséphine a commencé à le tromper, il sait à quoi s'en tenir sur la fidélité féminine. Il en a pris son parti ; pourquoi les autres ne le prendraient-ils pas ? C'est ainsi que, politique et amour, il ramène tout à son cas personnel, a ce qu'il a fait. Il ne sort pas de cet axiome. Il n'oublie qu'une chose, c'est qu'il faut plusieurs siècles à la nature, comme l'a dit Victor Hugo, pour reproduire un phénomène comme Napoléon.

Que peut-on raisonnablement conclure de tout cela ? Qu'il fut en amour, et surtout en cela, un impulsif, prenant son bien où il le pouvait trouver et ne négligeant rien pour le conquérir. Mais cela ne lui fit jamais oublier ce qu'il devait à sa gloire, à l'Empire. Il sacrifia volontiers la plus agréable des maîtresses à une nuit de travail stratégique, et jamais il n'oubliera les lauriers de la gloire pour les rouges roses de l'amour.

III

BONAPARTE FUT-IL AMOUREUX
DE Mme TALLIEN ? .

Un soir de vendémiaire an IV (1), un singulier personnage fut présenté dans le salon de Thérésia Cabarrus, aujourd'hui Mme Tallien (2). C'était celui-là même que nous avons vu accoster une fille publique dans les Galeries de Bois du Palais-Royal.

Sans doute il n'avait guère changé physiquement. C'était toujours la même figure jaune et maigre enca-

---

(1) Octobre 1795. Ce fut le 13 vendémiaire (18 octobre) que Bonaparte se signala à l'attention publique par sa défense, à la tête des troupes de Paris, de la Convention Nationale attaquée par les factions royalistes. Il vainquit l'émeute et ce fut l'origine de sa fortune militaire.

(2) Sur Mme Tallien, voir, à la même librairie, notre volume : *Anecdotes secrètes de la Terreur*, chap. II : *Le Remords de Mme Tallien*. Ce fut poussé par elle que le conventionnel Tallien participa à la chute de Robespierre, renversé le 9 thermidor an II. Le peuple associa le nom de Thérésia Cabarrus à cet événement et l'appela : *Notre-Dame-de-Thermidor*. Elle épousa Tallien. C'était son second mari ; elle en eut trois, et un peu plus d'amants.

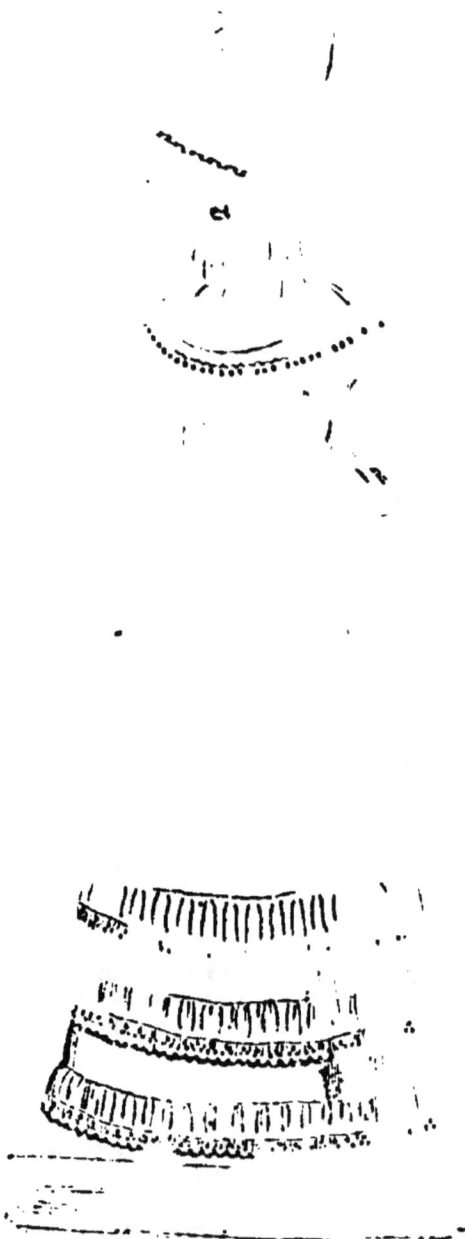

Une élégante sous l'Empire.

drée de longs cheveux noirs, la même stature étroite, le même aspect pauvre et provincial. De lieutenant en second il était devenu chef de brigade d'artillerie à la suite, mais sa nouvelle situation n'avait guère amélioré son budget. Ses bottes étaient toujours éculées, son vieil habit trop long, son gilet douteux.

Ainsi vêtu, il n'était guère fait pour attirer l'attention du beau monde élégant et jouisseur dont le salon de Notre-Dame-de-Thermidor était l'habituel rendez-

vous. Que venait donc faire là celui qui était encore
Bonaparte, et dont l'étrange prénom, alors unique peut-
on dire, de Napoléon, faisait sourire ceux devant lesquels
il était prononcé ? Etait-ce la beauté de la femme de
Tallien qui l'attirait là ? On peut en douter, car nous
allons voir intervenir, en faveur de Bonaparte, Mme
Tallien, pour une cause à laquelle l'amour demeure
étranger.

Le jeune militaire tâchait à acquérir les bonnes grâces
de la maîtresse de la maison. Un soir, on le vit lui dire
la bonne aventure d'après les lignes de la main, et son
succès de rire fut assez vif. C'est ainsi qu'il préludait
à de plus grandes tâches.

Son costume râpé, sa redingote qui montrait la corde
durent, sans doute, lui être des raisons de honte dans ce
beau salon mondain où il semblait un intrus. Comme
au soir passé du Palais-Royal, sa bourse était maigre
et fort plate. Ce n'était donc point d'elle qu'il devait
attendre le bel habit neuf qui allait lui permettre
d'affronter, sans rougir, le regard des jolies femmes,
sous la vive lumière des lustres.

C'est alors que Bonaparte se souvint d'un arrêté du
Comité du Salut public, à la date de fructidor an III.
Cet arrêté bienheureux accordait aux officiers, en activité de service, du drap pour un habit, une redingote,
un gilet et des culottes d'uniforme. Courir aux bureaux
du Ministère de la Guerre pour se faire délivrer un bon
de drap, ne fut qu'une prompte affaire pour le jeune
Bonaparte. Mais une cruelle désillusion l'attendait.
Chef de brigade d'artillerie à la suite, par conséquent

en inactivité, il ne pouvait réclamer le bénéfice de l'arrêté de fructidor. Il s'en revint donc plus furieux que penaud, voyant déjà tout son avenir compromis à cause d'un habit loqueteux; il demeura perplexe, se demandant quel parti prendre.

Ce parti fut celui de s'adresser à Mme Tallien. Comment le lui avoua-t-il ? On ne sait, il ne demeure de la chose que la lettre de recommandation donnée par la belle thermidorienne à M. Lefeuve, ordonnateur de la dix-septième division militaire. La lettre eut son effet et Bonaparte son drap. Désormais, en habit neuf, il put parader dans les salons de la Tallien.

Il apparaissait maintenant dans l'aurore d'une jeune gloire. Sa victoire de vendémiaire où il avait canonné les royalistes sur le parvis Saint-Roch, le mettait à l'ordre du jour et tirait de la médiocre obscurité où il gisait son nom étranger. Les regards des femmes allaient à lui et fut-ce dans cette griserie du premier succès qu'il se crut digne de l'amour de Notre-Dame-de-Thermidor ?

C'est là ce que supposent tous ceux qui croient à l'amour de Bonaparte pour Mme Tallien.

Barras (1) qui dans ses *Mémoires* poursuit de sa haine l'homme qui le renversa par son coup d'état du 18 brumaire, raconte que lorsque Bonaparte s'ouvrit à

---

(1) Le vicomte Paul-François-Jean-Nicolas de Barras, fut député du Var à la Convention Nationale, puis membre du Direc- toire exécutif, fonction que le 18 brumaire fit cesser. Sa vie poli- tique s'acheva à l'aurore de l'Empire.

la belle Cabarrus de ses prétentions, elle lui répondit :
« qu'elle croyait avoir mieux que lui. »

Quel était donc ce *mieux* qui aurait fait repousser
le jeune général ? Barras ne le dit point, mais il est
facile de le deviner : c'est Barras lui-même qui, en ce
moment, partageait avec son ancien collègue à la
Convention nationale, Tallien, les faveurs de la belle
citoyenne. On a dit que Bonaparte ne pardonna jamais
à Mme Tallien son refus ; d'autres affirment que son
éloignement de la cour du Premier Consul fut dû à
la jalousie de Joséphine qui, après avoir été, elle aussi,
la maîtresse de Barras, prétendait désormais garder
pour elle seule l'homme qui avait envoyé au Directoire
les drapeaux et les lauriers d'Italie.

Néanmoins, quoi qu'il en soit, l'amour de Bonaparte
aurait été largement justifié.

Thérésia Cabarrus, à cette époque, était une splendide créature d'amour. Entre les bandeaux ondulés de
sa perruque noire, — car elle portait perruque, Notre-
Dame-de-Thermidor ! — s'allongeait le gracieux et pur
ovale d'un visage délicat, à la peau transparente et
pâle. Ses dents étaient des merveilles et elle savait les
montrer, avec une jolie adresse, dans ses sourires.
Vêtue—n'est-ce pas « dévêtue » qu'il faudrait écrire ?—
d'une robe de mousseline des Indes taillée à la manière
antique des péplums grecs, elle offrait à l'admiration
de ses adorateurs la nudité de bras admirables qui,
à l'épaule, retenaient l'étoffe de la robe par des camées
de prix, et autour desquels s'enroulaient des serpents
d'or à tête d'émeraude. Elle marchait pieds nus dans des

sandales comme celles que portaient les belles romaines
au temps d'Auguste, et autour d'elle elle faisait tour-
noyer, voltiger, onduler la pourpre vive d'un admirable châle de cachemire des Indes, qui valait alors une
fortune.

Telle était la reine du monde élégant.

Bonaparte, dont la duchesse d'Abrantès (1) dit que
le cœur battait vivement sous le regard d'une femme,
est-il resté indifférent à tant de charmes ? A-t-il été
repoussé par la splendide et odieuse créature pour
qui tomba la tête de Maximilien de Robespierre ?
A-t-il craint d'encourir la haine de Barras, l'amant en
titre, celle de Tallien, mari complaisant, aveugle,
n'étant pas à craindre ? On ne peut se prononcer affir-
mativement, mais il est certes bien plus probable que
son cœur avait battu déjà sous un autre regard, sous
celui d'une créole langoureuse qui, entre Mme Récamier,
grande danseuse de cotillon, Mme de Cambys et Mme de
Châteaurenault, faisait l'ornement de ce lieu élégant
où se tripotait la politique et où on trafiquait de l'amour,
où enfin se brassaient toutes les affaires louches et
lucratives de la République à l'agonie.

---

(1) Femme de Junot, duc d'Abrantès, général de division,
gouverneur de Paris. Devenu fou, il se suicida, le 29 juillet 1813,
en se jetant par une fenêtre. Sa femme, après avoir été une des
grandes dames de l'Empire, tomba peu après la mort de Napoléon
dans la misère. Pour vivre, elle publia des *Mémoires* qui demeu-
rent les plus pittoresques de ceux qui furent écrits sur l'Empire.

LA VEUVE BEAUHARNAIS

Après la Terreur, au lendemain de 9 thermidor, Mme Tallien et Joséphine s'étaient connues. Echappées à la guillotine, leur amitié des temps de malheur ne se brisa point, s'augmenta au contraire. Dans le sein de la maîtresse de Tallien, la veuve du général Beauharnais (1) vint se consoler, et la consolation fut prompte, car moins d'un an après cette mort elle s'étendait dans le lit de Barras.

Née à la Martinique, elle avait conservé au milieu de la vie parisienne cette charmante grâce des créoles,

---

(1) Le premier mari de Joséphine fut le vicomte Alexandre de Beauharnais, député aux Etats-Généraux et devenu Général en chef de l'armée du Rhin, en mai 1793. Dénoncé comme suspect, il fut arrêté, condamné à mort par le tribunal révolutionnaire, exécuté le 23 juillet 1794 et jeté à la fosse commune de Picpus. Nous lui avons consacré un long passage dans notre livre paru à la même librairie : *La Guillotine en 1793, d'après des documents inédits des Archives nationales*, livre III, chap. III, p. 136 et suiv.

un peu paresseuse, alanguie et molle, que plus tard
le peintre Prudhon sut si aimablement fixer en une de
ses toiles. « Sa taille était celle des nymphes », dit Mont-
gaillard, l'agent de la diplomatie secrète pendant la
Révolution. D'autres ont parlé de sa « gorge pauvre
et de ses hanches tombantes », car ce n'est que plus
tard, après le divorce, que, répudiée et désormais
libre de faire tout ce qui lui convient, elle deviendra
grasse et que son profil pur perdra sa grâce fine pour

Autographe de Joséphine.

s'alourdir des joues pendantes et d'une graisse mal-
saine. Marmont (1) dit néanmoins, que « quoiqu'elle
eût perdu toute sa fraîcheur : elle avait trouvé le moyen
de plaire à Bonaparte, et l'on sait bien qu'en amour,
le pourquoi est superflu, on aime parce que l'on aime ».
Dans ce joli visage une seule chose choquait : les dents.
Elles étaient effroyablement gâtées, « mais, dit Mme

(1) Marmont, duc de Raguse, un de ceux que l'Empereur com-
bla et qui fut le premier à le trahir. Sa défection, en 1814, avait
créé un nouveau mot dans la langue française. On ne disait plus
trahir, mais raguser. Il suivit, en 1815, Louis XVIII à Gand et
accepta des grades et des décorations du nouveau régime. Il a
laissé des Mémoires où il a tenté de défendre, mais en vain, son
rôle politique.

d'Abrantès, lorsque sa bouche était fermée, elle faisait, surtout à quelques pas, l'illusion d'une jeune et jolie femme ».

Ce défaut, elle tentait de le racheter par son extrême élégance. Sous le Consulat, elle change trois fois par jour de chemise et six fois de toilette ; impératrice, ses robes exciteront l'envie et l'admiration, ce seront les chefs-d'œuvre du grand couturier Leroy (1).

Mme de Laplace (2) dans ses lettres à Elisa Napoléon, alors princesse de Lucques et de Piombino, nous a laissé la description de quelques-unes d'entre elles. Le 18 février 1807, elle écrit : « J'ai vu hier une jolie toilette de S. M. l'Impératrice ; elle avait une robe de tulle brodée en plein en argent et une bordure de pavots lilas et rose brodés en chenilles, la guirlande pareille. » Dans cette minutie de la description on devine la femme émerveillée qui a retenu tous les détails de la toilette qui l'a frappée. Il faut d'ailleurs que Joséphine se défende contre les outrages du temps.

---

(1) Leroy, le grand marchand de modes, s'était, en 1804, peu avant le sacre de l'Empereur, associé avec la célèbre couturière Mme Raimbault, et installé rue de la Loi, ci-devant rue de Richelieu, presque à l'angle de la rue Ménars. L'association dura peu et bientôt Mme Raimbault quitta Leroy qui, jusqu'en 1820, fut le grand fournisseur de toutes les élégantes de l'Empire et de la Restauration.

(2) Mme de Laplace avait été nommée, par un décret impérial du 17 octobre 1805 (27 vendémiaire an XIV), dame d'honneur de l'aînée des sœurs de Napoléon. Mme de Laplace était femme de l'illustre savant, président du Sénat. Elle habitait rue de Tournon l'hôtel Brancas où, aujourd'hui encore, on voit le portique style empire que son mari y fit bâtir.

Sa toilette était laborieuse et compliquée ; les fards,
les poudres, les onguents réparaient ce que l'âge, peu
à peu, attaquait. Exilée à la Malmaison, après son
divorce, elle conservera ce même luxe, car « elle
n'aurait pas vécu si, le matin, le travail de trois toilettes
n'avait pas été fait », dit encore la duchesse d'Abrantès.
En robe de crêpe ou de tulle, doublée de satin, elle se
promène sous les beaux ombrages de l'automne roux,
la tête garnie d'un petit bonnet fanfreluché de blonde
de soie ou coiffée d'un diadème de fleurs qu'elle échange
quelquefois contre un de ces madras de soie claire qui
lui rappellent les îles natales, là-bas, vers le bel Orient
de sa jeunesse heureuse. Ce luxe ne se démentira pas,
et l'Empereur a pu, avec raison, se plaindre de ce que
les mémoires et les factures de Joséphine soient venus
fondre sur lui jusqu'à l'île d'Elbe. Et quand elle
mourra, une dernière note sera présentée, celle de
Cadet-Gassicourt qui, pour l'embaumement, réclamera
2,619 fr. 20. (1)

---

(1) C'est le chiffre que, dans *Joséphine répudiée*, donne M. Frédéric Masson. Pour beaucoup la mort de Joséphine est demeurée chose mystérieuse. Nous aurons l'occasion d'y revenir dans un prochain volume. Citons aujourd'hui ce qu'en dit Barras : « Dans cette retraite hypocrite de la Malmaison, Joséphine avait cessé de vivre, emportée par une maladie que la médecine ne put pas plus définir qu'elle ne le peut souvent, mais qui fut regardée comme une putréfaction véritable, une **dissolution** anticipée ; c'était la suite d'une vie agitée par l'intrigue et dévorée par la débauche ». *Mémoires de Barras*, tome IV, chap. VI, p. 134. N'oublions pas que Barras, amant de Joséphine, ne put jamais lui pardonner d'être devenue, un peu grâce à lui, la femme de Bonaparte.

*
* *

Ce fut donc dans le salon de Notre-Dame-de-Thermidor que le jeune général rencontra la créole. Qui aurait, dans cette femme parée à la mode du jour, drapée mollement dans de flottantes étoffes, reconnu la veuve de celui qui, un an auparavant, avait été guillotiné à la Barrière-du-Trône-Renversé, et que cette mort laissait sans fortune aucune, avec deux enfants encore jeunes, Hortense et Eugène ? Et c'est cette femme-là qui, alors que le sang de son mari a à peine séché sur le rouge échafaud de thermidor, écrit à son successeur, le 28 octobre 1795 :

« Vous ne venez plus voir une amie qui vous aime, vous l'avez tout à fait délaissée ; vous avez bien tort, car elle vous est tendrement attachée. Venez demain, septidi (1) déjeuner avec moi ; j'ai besoin de vous voir et de causer avec vous sur vos intérêts.

« Bonsoir, mon ami, je vous embrasse. »

Ce 6 brumaire.   Veuve BEAUHARNAIS.

C'est à cette veuve, fort consolable et consolée, en vérité, que le général peut écrire ce billet ardent où son lyrisme, à la Jean-Jacques-Rousseau, éclate avec une vigueur enflammée :

---

(1) Le calendrier révolutionnaire avait transformé la semaine en décade de dix jours. Le septidi correspondait à la septième de ces dix journées.

« Je me réveille plein de toi. Ton portrait et l'enivrante soirée d'hier n'ont point laissé de repos à mes sens : douce

Joséphine *Née le 24 Juin 1768. Impératrice des Français et Reine d'Italie.*

Un portrait populaire de l'Impératrice.

et incomparable Joséphine, quel effet bizarre faites-vous sur mon cœur ! vous fâchez-vous, vous vois-je triste, êtes-

vous inquiète, mon âme est brisée de douleur, et il n'est
point de repos pour votre ami, mais en est-il donc davantage pour moi, lorsque, me livrant au sentiment profond
qui me maîtrise, je puise sur vos lèvres, sur votre cœur,
une flamme qui me brûle ? Oh ! c'est cette nuit que je
me suis bien aperçu que votre portrait n'est pas vous...
En attendant, *mio dolce amor*, un million de baisers, mais
ne m'en donne pas, car ils brûlent mon sang. »

..... *l'enivrante soirée d'hier !*... Ah ! pauvre général
de Beauharnais, tu peux pourrir paisiblement dans la
fosse commune de ce mélancolique cimetière de Picpus ;
ta cendre peut se mêler à celle d'André Chénier, rien
ne demeure de toi dans le cœur d'une femme pour
laquelle tu fus peu et qui déjà t'oublie.

Comment, après ce billet de Bonaparte, ne pas sourire de l'affirmation de Ségur qui prétend qu'il ne « dut
qu'au mariage les plus douces faveurs de cette veuve »?
Nous savons aujourd'hui qu'il prit de sérieux acomptes
sur ces faveurs et que le soir des noces rien de neuf ne
lui fut révélé dans les charmes de la veuve du guillotiné.

En janvier 1796, Bonaparte fit à Joséphine sa demande en mariage, aussitôt agréée. Elle n'avait pas
quitté le quartier où elle habitait à l'époque de la
Terreur, mais de la rue Saint-Dominique elle avait
transporté son domicile à la rue de l'Université, face
à cette rue de Poitiers qui, avec ses vieilles maisons
et sa paix provinciale, semble être demeurée aujour-
d'hui ce qu'elle était alors.

Il fallait déménager. Le général découvrit au n° 6 de la rue Chantereine (actuellement rue de la Victoire), un petit hôtel discret et modeste, appartenant à la femme du grand tragédien Talma, Julie Carreau. Le marché est bientôt conclu et celui qui, à la date du 23 février 1796, vient d'être nommé commandant en chef de l'armée d'Italie, devient locataire du nid où vont s'abriter ses jeunes amours.

Au milieu d'un jardin bien ombragé s'élève la maison. Un passage pavé, long d'environ une centaine de mètres, encaissé entre les hautes murailles des maisons voisines, y mène. Si la porte du passage est fermée on sonne, et après un long temps, un domestique vient ouvrir la lourde porte. Le passage franchi on trouve à droite les écuries et les remises. Par une entrée en forme de tente soutenue par des lances aux fers dorés, on monte au vestibule de l'hôtel. Là c'est la salle à manger longue et étroite ; là, le salon aux boiseries blanches légèrement filetées d'un or vif et éclatant. Rome déroule ses fastes civiques dans le stuc froid et luisant des bas-reliefs, et le symbole n'est certes pas pour déplaire à celui qui, dans les champs italiques, va, par le glaive, affirmer le triomphe de la force française. A ce même rez-de-chaussée se trouve encore un petit salon où les bronzes dorés de la cheminée méritent d'être remarqués par l'œil artiste.

L'escalier étroit mène au premier étage. Celui-ci est peu élevé, deux mètres cinquante à peine, et au-dessus c'est le toit que grillent les chauds soleils de messidor forçant les habitants à chercher quelque fraîcheur dans les chambres du bas. La chambre que va occuper le général est arrangée en forme de tente et les visiteurs s'assoient sur de singu- liers sièges : des tam- bours couverts de toile chamois. Ameublement un peu théâtral, mili- taire, guerrier. C'est là que, plus tard, le Corse élaborera, dans la paix et le silence nocturnes, le coup de force, l'opé- ration policière du 18 brumaire, qui mettra dans ses mains les des- tinées de la Républi- que.

A Joséphine est ré- servé un boudoir ma- chiné et truqué, aux parois recouvertes de glaces. Quels spectacles ces glaces complices re- flèteront-elles ici, par les belles nuits de la lune de miel ? Quand la porte est refermée, il semble impossible de sortir du

Un brûle-parfums de Joséphine.

boudoir, les glaces masquant parfaitement toutes les issues.

Tel est le logis où, le 9 mars 1796, le général ramè-
nera la citoyenne Bonaparte.

C'est à cette date que le mariage a été fixé, car il
convient de se hâter. Vers les frontières, les troupes de
la République gagnent l'Italie, vers la destin des
Mondovi, des Lodi et des Arcole. C'est l'heure où Moreau
pénètre dans les Allemagnes, où, le rameau d'olivier à
la main, Hoche offre la paix aux Chouans et aux Ven-
déens.

Vers neuf heures du soir, le 9 mars, un groupe de
cinq personnes pénètre dans la mairie du IIᵉ arrondis-
sement. C'est Tallien et c'est Barras, qui, comme témoins de Joséphine, signeront l'acte de mariage. C'est
Calmelet, homme de loi ; c'est Le Marois, aide de camp
du général, qui apposeront leurs noms à côté de celui
de Bonaparte. Seul, le marié est en retard. Patiemment
on l'attend. Le froid de cette soirée de mars pèse dans
la haute salle. Près du feu, les hommes se chauffent ;
Joséphine, enveloppée dans son manteau, rêve au
fond d'un fauteuil. On attend. Doucement, derrière sa
table, l'officier de l'état-civil, Leclercq, s'endort.
Brusquement un bruit de bottes l'éveille, le dresse.
C'est Bonaparte. Il s'excuse rapidement, en deux
mots, et la cérémonie commence. Elle n'est pas
longue et se marque d'une galanterie du général pour
sa femme : il se vieillit d'un an. Pour ne pas demeurer
en reste avec lui, Joséphine se rajeunit de quarante-
huit mois. Les signatures données, on s'en va, après un
bref bonsoir aux témoins. Le général et son épouse
montent en voiture. Ils ne s'arrêtent que rue Chantereine.

Avec quelle fièvre ne serre-t-il pas dans ses bras la langoureuse créole ! Avec quelle hâte ne la presse-t-il pas d'abandonner le long fourreau de soie rose où elle s'enveloppe ! Il a toute l'impatience du fiancé devant les « premiers combats de l'hyménée », ainsi qu'il le dira plus tard dans sa lettre au prince Eugène, le 27 janvier 1806. Enfin la voilà dévêtue, et un petit incident comique et ridicule vient troubler la tendresse de cette heure tant attendue.

Sur le couvre-pied de soie brodée du lit, dort un petit chien. C'est Fortuné, le carlin chéri de Joséphine. D'un geste brusque, Bonaparte prétend chasser la bestiole, mais il a compté sans le caprice de Joséphine. Elle ne veut pas que le chien aimé s'en aille. Bonaparte aura-t-il le cœur de le chasser de la tiède place où il se pelotonne, où il dresse sa tête ébouriffée avec le bref jappement de sa puérile colère ?

— Mais je ne puis dormir avec cette bête sur les pieds ! proteste le général.

Il songe à cette nuit d'amour que cette bête va troubler, à ses cabrioles sur le couvre-pied...

Mais Joséphine tient bon : le chien restera là, ou Bonaparte couchera où il lui plaira.

Celui que le laurier de Montenotte va couronner, se résigne. Fortuné gardera ses positions sur le couvre-

pied sous lequel s'est glissé. le corps souple et tiède
de la créole. Triste nuit pour Fortuné ! Nuit troublée
pour Bonaparte ! Le petit chien vient lui mordre la

Portrait de la femme du Premier Consul fait au trait de plume.

jambe. Et le général ne dit rien, car n'est-il pas amoureux, et l'amoureux n'excuse-t-il pas le caprice le plus
ridicule, le plus absurde de la maîtresse désirée ?

L'Empereur a conté, plus tard, la chose à Arnault (1) :

— Vous voyez bien ce monsieur-là, lui dit-il, en désignant le chien gambadant ; c'est mon rival. Il était en possession du lit de madame quand je l'épousai. Je voulus l'en faire sortir : prétention inutile ; on me déclara qu'il fallait me résoudre à coucher ailleurs ou consentir au partage. Cela me contrariait assez, mais c'était à prendre ou à laisser. Je me résignai. Le favori fut moins accommodant que moi. J'en porte la preuve à cette jambe.

Enfin, un autre témoignage nous est resté de cette nuit, et c'est dans une lettre écrite, le 17 juillet 1796. à Marmirolo, lors de la campagne d'Italie, à Joséphine : « Millions de baisers, et même à Fortuné en dépit de sa méchanceté... »

Ainsi se passa la nuit de noces de Bonaparte.

Deux jours plus tard, le 11 mars, une berline emportait vers l'Italie celui qui allait recevoir le premier baiser de la victoire heureuse.

*
* *

Il est hors de doute que Bonaparte a passionnément, intensément, aimé Joséphine. Ce mariage avec

---

(1) Louis-Vincent Arnault, l'auteur des *Souvenirs d'un Sexagénaire*, fut en septembre 1799 élu membre de l'Institut. Il avait accompagné Bonaparte en Égypte et mérité son amitié. Poète et dramaturge, il composa plusieurs tragédies : *Lucrèce, Marius à Minturnes, Cincinnatus.* Il fut exilé en 1815, par la Restauration.

une ci-devant comblait ses vœux orgueilleux de rotu-
rier parvenu, et sa modeste ambition se flattait de
cette union qui lui accordait la couche tiède encore
où le guillotiné avait serré dans ses bras la créole
amoureuse et oublieuse.

Ce mariage inespéré avait réussi après tous ceux-là,
qui successivement avaient échoué. A Auxonne, ce
fut d'abord celui avec Mlle Manesca Pillet, belle-fille
de M. Chabert, qui n'avait point réussi ; à Marseille,
celui avec Désirée Clary avait été rompu, et quand,
à Paris, il avait proposé à Mme Permon, la mère de
la duchesse d'Abrantès, restée veuve avec deux enfants, de l'épouser, la brave dame lui avait ri au nez.
Lors de son séjour à Valence, une idylle s'était ébau-
chée entre lui et Mlle Caroline du Colombier. « On le
croira avec peine, a-t-il dit dans le *Mémorial de Sainte-
Hélène*, en parlant de cette amourette, tout notre
bonheur se réduisit à manger des cerises ensemble. »
Il a cependant contesté ce projet de mariage que la
duchesse d'Abrantès affirme, au contraire, avoir
existé. Quoi qu'il en soit, le 31 mars 1792, Mlle du Colombier épousait un ancien capitaine au régiment
de Lorraine, en outre chevalier de Saint-Louis,
M. Gamparet de Bressieux. Elle ne dut sans doute pas
avoir perdu le souvenir des cerises d'autrefois, car
dans la *Correspondance de Napoléon Ier*, on trouve,
à la date du 20 avril 1804, cette lettre adressée du
camp de Boulogne, en réponse à une sollicitation en
faveur de son frère :

A Madame Caroline Bressieux

Pont-de-Briques, 2 fructidor an XII.

« Madame, votre lettre m'a été fort agréable. Le souvenir de Madame votre mère et le vôtre m'ont toujours
intéressé. Je saisirai la première circonstance pour être
utile à votre frère. Je vois, par votre lettre, que vous
demeurez près de Lyon ; j'ai donc des reproches à vous
faire de ne pas y être venue pendant que j'y étais, car
j'aurai toujours un grand plaisir à vous voir. Soyez persuadée du désir que j'ai de vous être agréable. »

Le mangeur de cerises de Valence est devenu empereur, à la veille de recevoir des mains papales la
couronne de Charlemagne, et il est bon de lui rappeler
les services rendus jadis.

Mais, au commencement de cette radieuse année
1796, il était tout à Joséphine, et rien qu'à elle.

Qu'on feuillette le recueil des lettres qu'il lui adressa ;
jamais correspondance amoureuse plus passionnée ne
fut écrite par un amant. Les images y sont incohé-
rentes, heurtées, violentes, mais le *leit-motiv* ne change
guère.

« *Tu es l'objet perpétuel de ma pensée... L'amour que tu m'as inspiré m'ôte la raison ; je ne la retrouverai jamais... Je suis fier de ton amour... Les charmes de l'incomparable Joséphine allument sans cesse une*

Une lettre d'amour de Napoléon à Joséphine.

flamme vive et brûlante dans mon cœur et dans mes sens... Je t'adore tous les jours davantage... Toute non pareille, toute divine... les nuits sont longues, ennuyeuses et fades... » Il ne lui a pas gardé rancune de cette autre nuit de la rue Chantereine, troublée par Fortuné. Pour lui, c'est toujours « *la femme adorable...* » qu'il

aime « *à la fureur et uniquement* ». Son nom revient
même dans les lettres adressées à ses amis. Le 9 mai
1796, il écrit, de Plaisance, à Carnot : « *Je l'aime à la
folie...* » Elle sera le sujet inépuisable de ses confidences
à Marmont : « Il pensait sans cesse à sa femme, dit
celui-ci, il la désirait, il l'attendait avec impatience...
Jamais amour plus pur, plus vrai, plus exclusif, n'a
possédé le cœur d'un homme... » Cet amour même
lui est un aiguillon de gloire, ajoute Ségur, et une
femme rend à une femme cet hommage de dire de
lui « qu'il avait pour elle la plus tendre amitié ». C'est
Mlle Avrillon, qui l'écrit (1). Plus tard, quand il se
sera embarqué pour l'Egypte, sur le vaisseau l'*Orient*,
il ne cessera de parler de la bonne, de la tendre Joséphine, à son ami Bourrienne (2). Enfin, lui-même,
seul, exilé, malheureux à Sainte-Hélène, pourra dire :
« Je fus le meilleur de tous les maris ».

---

(1) Mlle Avrillon, première femme de chambre de l'Impératrice, avait la garde des diamants, c'est elle qui détenait la clef
des coffrets. Elle a laissé des Mémoires sur la Cour des Tuileries.

(2) Bourrienne accompagna Bonaparte en Italie et en Egypte,
comme secrétaire intime. Il avait fait ses études avec lui à l'école
de Brienne. Malgré cette amitié d'enfance il ne put éviter
la disgrâce qui le frappa, à cause de scandales financiers qui se
renouvelèrent en 1806, alors qu'il était ministre à Hambourg au
Congrès de la Basse-Saxe. En 1815, peu avant les Cent Jours,
Louis XVIII le fit préfet de police. Il abandonna son poste à l'arrivée de l'Empereur, fut frappé d'un décret d'exil, et ne rentra
qu'après Waterloo pour venir siéger à la Chambre des Députés
comme représentant de l'Yonne. De là, il passa au ministère et
acheva sans éclat une carrière qu' illustra seule l'amitié de Napoléon.

Brusquement, dans cette ardente correspondance, passe une grande ombre noire : « *Mille baisers aussi brûlants que tu es froide...* » peut-on lire, et plus loin : « *Je t'aime à la fureur. Il ne manque à ton mari que l'amour de Joséphine pour être heureux ;* » et enfin : « *Ton mari seul est bien, bien malheureux* ». Que s'est-il donc passé ?

Le 24 juin 1796, alors que déjà les lauriers de Montenotte, de Millesimo, de Mondovi, de Fombio, de Lodi, de Crémone, étaient cueillis, Joséphine, réclamée à chaque lettre par son mari, quittait Paris avec Murat (1) et Junot. A Turin, Marmont l'accueillit et la mena jusqu'à Milan où elle fut solennellement installée dans le palais Serbelloni.

Dans quel état d'esprit y arrivait-elle ?

C'est précisément ce point qui va singulièrement éclairer la conduite de Joséphine pendant la première année de son mariage avec le caporal de Lodi (2).

---

(1) Joachim Murat, fils d'un cabaretier, seconda efficacement Bonaparte au 18 brumaire où il commandait les soixante grenadiers qui dispersèrent à Saint-Cloud le Conseil des Cinq-Cents. La main de la sœur du général, Caroline Bonaparte, le récompensa de son dévoûment. Il eut une belle conduite héroïque à Mondovi. Fut successivement gouverneur de Paris, maréchal d'empire, prince, grand-amiral et grand duc de Berg, fit la guerre d'Espagne et monta sur le trône de Naples. En 1814, lors des défaites impériales, il se tourna contre Napoléon, fit alliance avec les Autrichiens, et le 13 octobre 1815, il fut fusillé avec vingt-neuf de ses compagnons, à Pizzo (Calabre).

(2) La bataille de Lodi eut lieu le 11 mai 1796. Les soldats y nommèrent, par une touchante coutume, Bonaparte caporal, à cause de son extrême jeunesse. Ce titre lui fut décerné par les plus vieux soldats. Il fut fait sergent à Castiglione.

« C'est lui qui veut servir de père aux orphelins d'A-
lexandre de Beauharnais, avait-elle écrit peu avant son
union à une amie, d'époux à sa veuve. L'aimez-vous ?
Allez-vous me demander. Mais... non. — Vous n'avez
donc pour lui que de l'éloignement ? — Non, mais je me
trouve dans un état de tiédeur qui me déplaît. »

Cet état de tiédeur, l'éloignement de Bonaparte,
n'a certes pas contribué à le diminuer. Restée seule
à Paris, Joséphine a bien vite repris la vie ancienne,
cette fête de plaisirs en compagnie de Mme Tallien
et de quelques drôlesses de la « jeunesse dorée » du
Directoire. Parties fines, comme celles que Rovère
raconta plus tard à Lafon-Ladebat, le président du
Conseil des Anciens (1), où Mme Tallien et quelques
autres se mirent nues, s'enivrèrent et se battirent à
la fin de l'orgie, tout cela constituait [pour la créole
l'élément nouveau et indispensable de sa vie. On peut
imaginer le peu de hâte qu'elle mit à rejoindre son
mari dans les champs fameux où le Romain Titus
Sempronius combattit sous les auspices funestes, où
le Consul P.-E. Scipion put à peine s'échapper des
mains d'Annibal triomphant. Cependant, il fallut se
résigner. Junot venait d'apporter au Directoire les
drapeaux conquis sur les rives de la Trebia, du Pô,

---

(1) Le Conseil des Anciens, en même temps que le Conseil des
Cinq-Cents avait succédé à la Convention nationale en 1795. Il
fut installé le 28 octobre de cette même année aux Tuileries. Les
Cinq-Cents siégèrent d'abord au Palais-Bourbon, ensuite à Saint-
Cloud. C'est là que, le 18 brumaire, Bonaparte vint les disperser
avec ses grenadiers.

de la Hure et du Tanaro. Escortée de lui et de Murat
elle se mit en route et on sait dans quelles dispositions
d'esprit elle arrivait près de Bonaparte. Il est hors
de doute qu'elle n'aimait pas ce maigre Corse famé-
lique. Si elle l'avait épousé, n'était-ce pas pour
garder ce prestige des femmes épouses d'officiers su-
périeurs ? Sa vanité se flattait de pouvoir conserver
la situation que la mort d'Alexandre de Beauharnais
avait singulièrement compromise. D'ailleurs Bonaparte était laid, et la victoire ne lui avait pas encore
donné cette auréole qui le transfigura.

Avec un fougueux et lyrique transport, il accueillit
Joséphine à Milan. Avec le secret regret des plaisirs
de Paris quittés, elle s'abandonna à ses bras. Mais
ce n'est plus le transport des premiers jours. « *Mille
baisers aussi brûlants que tu es froide* », lui écrit-il, le
18 juillet, car déjà Bonaparte est parti, laissant Joséphine à Milan, dans ce beau palais Serbelloni, où elle
règne. Et l'admirable campagne se continue en coup
de tonnerre. Après Ferrare, Ancône, Bologne prises,
ce sont les batailles de Peschiera, sur l'Adige ; de
Roveredo, dans les gorges des Monts Enganéens,
fameux par la désertion de Scaurus et la fuite du pro-
consul Catulus ; de Bassano, sur la Brenta ; de Cécina,
sur le Tartaro ; et d'Arcole.

Pendant ce temps, que fait Joséphine ?

A Milan, une cour élégante et galante n'a cessé de
l'entourer. Tandis que là-bas on se bat, ici on s'amuse.
Parmi ces officiers à madrigaux, le choix de Joséphine
n'a pas tardé à se fixer. L'un d'eux, en costume de

hussard, brodé et chamarré, est devenu le favori de
la créole. C'est M. Hippolyte Charles. Quoique petit,
il est fort bien fait, souple, gracieux ; il a la figure

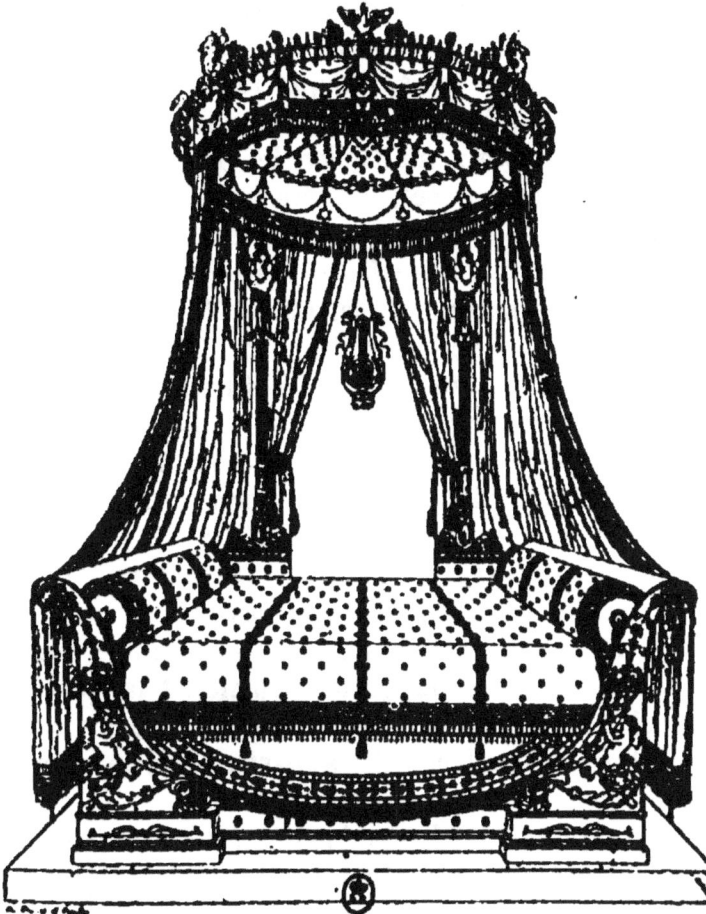

Le lit de l'Impératrice.
(Dessin des architectes Percier et Fontaine.)

brune et agréable, de beaux cheveux noirs bouclés,
des yeux caressants, ainsi que les aiment les femmes,
et les plus belles dents du monde. Il n'en faut
pas plus pour conquérir la femme de Bonaparte, et
c'est bientôt fait. M. Charles est devenu indispensable
à la créole ; il est de toutes les fêtes du palais Serbelloni ; pendant un mois, chaque jour, dans un tête à
tête amoureux, il partage le déjeuner de Joséphine.
Bonaparte a beau multiplier les lettres pressantes,
les épîtres enflammées, impérieuses, caressantes, où
gémit sa passion fauve, où rugissent ses grands cris
d'amour corse, il a beau faire, beau écrire : pour Joséphine, il ne sera que drôle, oui drôle. Elle l'a dit à
Arnault : « Ah ! qu'il est drôle, ce Bonaparte ! », et
sans doute le répète-t-elle à M. Charles, ne serait-ce
que pour le voir rire de toutes ses belles dents, saines
et fortes, qui lui font envie à elle qui les a laides et
gâtées. Quand les fêtes de Milan commencent à la lasser,
Joséphine part et court à Gênes. Et M. Charles est
toujours du voyage.

Un matin, le 7 frimaire (27 novembre) un cheval
s'abat devant la porte du palais ; un homme couvert
de poussière — et de quelle poussière ! la poussière
d'Arcole ! — escalade les marches, enfonce les portes,
crie à travers le silence des appartements, le nom qui
lui est cher :

— Joséphine !... Joséphine !... Joséphine !...

Le silence seul lui répond. Le palais est vide et
Joséphine partie. Voilà donc la récompense d'une
noble impatience amoureuse, des beaux travaux

guerriers dans les champs de Bassano et de Mantoue !

Bonaparte, cette fois, ne peut plus douter de son malheur, cette fois il comprend comment il est aimé de la veuve du guillotiné ; et son désespoir s'exprime dans la lettre la plus déchirante et la plus émouvante qui soit :

A Joséphine, à Gênes.

Milan, le 7 frimaire an V.
Trois heures après-midi.

« J'arrive à Milan, je me précipite dans ton appartement, j'ai tout quitté pour te voir, te presser dans mes bras ... tu n'y étais pas : tu cours les villes avec des fêtes ; tu t'éloignes de moi lorsque j'arrive, tu ne te soucies plus de ton cher Napoléon. Un caprice te l'a fait aimer, l'inconstance te le rend indifférent.

Accoutumé aux dangers, je sais le remède aux ennuis et aux maux de la vie. Le malheur que j'éprouve est incalculable ; j'avais le droit de n'y pas compter.

Je serai ici jusqu'au 9 dans la journée. Ne te dérange pas, cours les plaisirs ; le bonheur est fait pour toi. Le monde est trop heureux s'il peut te plaire ; et ton mari seul est bien, bien malheureux. »

Vous imaginez-vous, dans la chambre déserte de l'infidèle, Bonaparte triomphant, en larmes, écrivant cette lettre désespérée ? Toute la nuit il rôde dans ce triste palais silencieux, où les grandes ombres tragiques enveloppent les choses ; il rôde, du lit où persiste le parfum de la créole, au boudoir où traînent ces menus objets familiers et féminins chers aux coquettes. Le jour se lève; il est là, l'homme de Mondovi, le cœur toujours serré, et le soir qui tombe le surprend à écrire une nouvelle lettre à l'infidèle :

A Joséphine, à Gênes

Milan, le 8 frimaire an V.
Huit heures du soir.

Je reçois le courrier que Berthier (1) avait expédié à Gênes. Tu n'as pas eu le temps de m'écrire, je le sens facilement. Environnée de plaisirs et de jeux, tu aurais tort de me faire le moindre sacrifice.

Berthier a bien voulu me montrer la lettre que tu lui as écrite. Mon intention n'est pas que tu déranges rien à tes calculs, ni aux parties de plaisir qui te sont offertes ; je n'en vaux pas la peine, et le bonheur ou le malheur d'un homme que tu n'aimes pas n'a pas le droit de t'intéresser.

Pour moi, t'aimer seule, te rendre heureuse, ne rien faire qui puisse te contrarier, voilà le destin et le but de ma vie. Sois heureuse, ne me reproche rien, ne t'intéresse pas à la fidélité d'un homme qui ne vit que de ta vie, ne jouis que de tes plaisirs et de ton bonheur. Quand j'exige de toi un amour pareil au mien, j'ai tort : pourquoi vouloir

---

(1) Berthier était à l'armée d'Italie en qualité de général de division. Ce fut lui qui apporta à Paris le traité de Campo-Formio. Il suivit Bonaparte en Égypte et dès lors s'attacha à sa fortune. Il devint un des grands dignitaires de l'Empire : maréchal, grand veneur, chef de la première cohorte de la Légion d'Honneur, prince de Neufchâtel et de Wagram, vice-connétable de France. Il se tourna contre Napoléon en 1814, et à son retour de l'Ile d'Elbe, se suicida en se jetant par une des fenêtres de son château de Bamberg, le 1er juin 1815.

que la dentelle pèse autant que l'or ? Quand je te sacrifie
tous mes désirs, toutes mes pensées, tous les instants de
ma vie, j'obéis à l'ascendant que tes charmes, ton caractère et toute ta personne ont su prendre sur mon malheureux cœur. J'ai tort si la nature ne m'a pas donné les
attraits pour te captiver, mais ce que je mérite de la part
de Joséphine, ce sont des égards, de l'estime, car je l'aime
à la fureur et uniquement.

Adieu, femme adorable, adieu, ma Joséphine. Puisse
le sort concentrer dans mon cœur tous les chagrins et toutes
les pein es; mais qu'il donne à ma Joséphine des jours pros-
pères et heureux. Qui le mérite plus qu'elle ? Quand il sera
constaté qu'elle ne peut plus aimer, je renfermerai ma
douleur profonde, et je me contenterai de pouvoir lui être
utile et bon à quelque chose. Je rouvre ma lettre pour te
donner un baiser... Ah ! Joséphine !... Joséphine !... »

S'arrachant des bras de
M. Charles, Joséphine
cependant reviendra de
Gênes. Elle aura une crise
de larmes et Bonaparte par-
donnera. Mais le charme
sera à tout jamais rompu.
C'est la dernière lettre
enflammée que la créole
recevra de lui, et comme
on le sent bien, quelques
années plus tard, dans le mélancolique billet qu'il
lui adresse, le 2 décembre 1806, de Posen :

« C'est aujourd'hui l'anniversaire d'Austerlitz... Il pleut.

Je me porte bien. Je t'aime et te désire... Ces nuits-ci sont longues tout seul... »

Amour désormais désenchanté, désillusionné, Napoléon le traînera péniblement jusqu'à l'année du divorce, et il dira au prince Eugène : « J'ai une vieille femme qui n'a plus besoin de moi pour s'amuser... » C'est que, ainsi que le dit la duchesse d'Abrantès, « depuis longtemps il n'était plus amoureux d'elle », et il n'avait cessé d'en « faire une de ces divinités qui s'emparent de l'intelligence la plus déliée et l'empêchent d'apercevoir une imperfection morale ou extérieure dans l'objet aimé ».

Cependant il ne s'était pas résigné complètement à sa mésaventure de Milan. M. Charles fut chassé de l'armée et regagna Paris où la Malmaison allait devenir le lieu de ses rendez-vous avec la créole. La campagne d'Italie s'achevait. C'étaient Rivoli, Mantoue et Andes, protégée des horreurs du pillage en mémoire du poète Virgile ; le Rubicon passé ; Rome respectée ; le Tagliamento franchi ; l'ennemi battu à Aquilée, à Grandisca, à Tarvis, sur les sommets des Alpes Carniques ; la paix enfin, qui, le 5 décembre 1797, le menait rue Chantereine, près d'une Joséphine indifférente à l'amour, sensible aux éclats de sa gloire. Ce sont les fêtes, ce sont les bals, où Joséphine goûte le vin enivrant de la renommée. Elle est la femme du vainqueur, mais elle reste la maîtresse de M. Charles.

Mais à l'active impatience du Corse ne peut plaire le repos. Le soir du 4 mai 1798, une berline emporte

vers Toulon le général, Joséphine, Bourrienne, Du·
roc (1), et Lavalette (2). C'est sur les rivages du Nil
que l'Angleterre va être prise à la gorge, c'est là que
de nouveaux lauriers vont être moissonnés dans les
champs pharaoniques. Le 13 juin, Malte est prise ; le
1er juillet, c'est Alexandrie ; le 11 juillet, quarante
siècles se lèvent à la voix guerrière pour attester de·
vant la postérité la victoire des Gaules ; le 23, le Caire
et toute la Basse·Egypte se soumettent.

Dans ce temps, un couple charmant erre sous les
beaux ombrages frais de la Malmaison. Les paysans
de Rueil, un peu naïfs, les prennent volontiers pour le
frère et la sœur. Ce n'est en réalité que la femme du
vainqueur des Pyramides et M. Charles, lui encore,
lui toujours. Ils vont dans les petits théâtres, aux
spectacles qui ne peuvent être vus qu'à travers les
grilles d'une loge obscure, ils soupent en compagnie.

---

(1) Duroc, un des plus fidèles serviteurs de Napoléon, le suivit
dans presque toutes ses campagnes, fut fait grand-maréchal de
palais, grand-officier de la Légion d'Honneur et duc de Frioul. A
Bautzen, le 22 mai 1813, un boulet de canon le tua.

(2) Marie-Chamans, comte de Lavalette, épousa la fille unique
de François de Beauharnais, beau-père de Joséphine. Tour à tour
conseiller d'Etat, directeur général des postes aux lettres et
postes relais, grand-officier de la Légion d'Honneur, pair de
France, il resta fidèle à Napoléon en 1815. Pour ce fait, le 22
novembre 1815, il fut condamné à mort par la cour d'assises de
Paris, mais sa femme le fit évader en lui donnant ses habits et en
restant à sa place dans le cachot, le 21 décembre. Le lendemain
devait avoir lieu l'exécution. Ceux qui avaient coopéré à l'éva-
sion, trois officiers anglais, furent condamnés à trois mois de
prison, le 24 avril 1816, et le gardien de la conciergerie à deux
ans de la même peine et à dix ans de surveillance de haute police.

C'est la belle vie d'amour. Mais ce n'est pas d'aujour-
d'hui qu'existent les amis complaisants. Ce fut par
eux, et particulièrement par Junot, que Bonaparte
apprit ces nouveaux écarts de conduite de celle à qui
il avait donné son nom. Sa colère éclata avec violence.
Et ce ne fut plus, à El-Arich, la résignation qu'il avait
montrée l'année précédente à Milan. C'est sur Bourrienne
que tombèrent les éclats de cette furieuse colère :

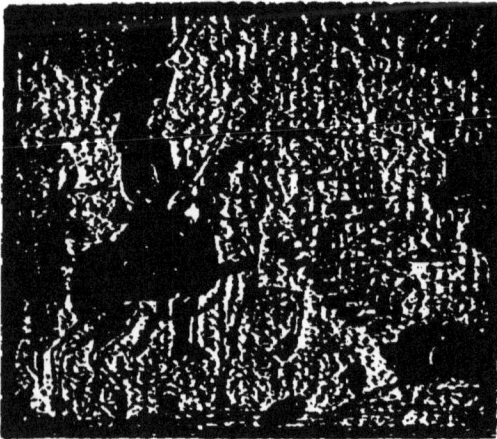

Image populaire sur la campagne d'Italie.

— Vous ne
m'êtes pas at-
taché, lui cria
le général.
Les femmes!...
Joséphine !...
Si vous m'é-
tiez attaché,
vous m'auriez
informé de
tout ce que je
viens d'ap-
prendre par
Junot : voilà
un véritable
ami ! José-
phine !... et je suis à six cents lieues !...vous deviez
me le dire !... Joséphine : m'avoir trompé, elle ! elle...
Malheur à eux ! J'exterminerai cette race de freluquets
et de blondins ! Quant à elle, le divorce! Oui, le divorce!
un divorce public éclatant ! il faut que j'écrive !... je sais
tout !... C'est votre faute ! vous deviez me le dire !...

Bourrienne essaya de s'excuser de son silence. Il
bégaya les mots :

— Votre gloire...

— Ma gloire ! se cabra Bonaparte; eh ! je ne sais
ce que je donnerais pour que ce que Junot m'a dit ne
fût pas vrai, tant j'aime cette femme ! Si Joséphine
est coupable, il faut que le divorce m'en sépare à
jamais ! Je ne veux pas être la risée de tous les inutiles
de Paris ! Je vais écrire à Joseph (1), il fera prononcer
le divorce.

Cette fois, tout est fini. Bonaparte aura beau se consoler dans les jolis bras tièdes de la blonde Pauline
Fourès (2), jamais il n'oubliera l'injure de Joséphine
à son nom et à sa gloire. C'est plein de ce ressentiment,
animé de l'esprit de vengeance, qu'il arrive, le 18 octobre 1799, à six heures du matin, à Paris. Comme jadis
au palais Serbelloni, à Milan, il trouve la maison de
la rue Chantereine vide. Joséphine, paraît-il, est allée
à sa rencontre, et s'est trompée de route. Quoi qu'il en
soit, voici un nouveau motif de suspicion contre elle,
et la colère de Bonaparte ne peut qu'augmenter. Quand
Joséphine, craignant l'algarade, rentre rue Chantereine, la porte du général demeure obstinément fer-

---

(1) Joseph, frère aîné de Napoléon, fut roi de Naples en 1806
et roi d'Espagne de 1808 à 1813. Il fut l'instrument docile de la
politique napoléonienne. Le désastre de Waterloo le força de
s'exiler ; il partit en Amérique, revint en Europe quand la tem-
pête se fut apaisée, et mourut à Florence en 1844, à 76 ans.

(2) Sur Pauline Fourès, voir le chapitre suivant : « Notre Souveraine de l'Orient ».

mée. Pendant trois jours il en est ainsi, Bonaparte reste inflexible, et ce n'est qu'aux larmes d'Hortense et d'Eugène, intercédant pour leur mère, qu'il cédera.

Quelle peut être désormais la tendresse d'un homme pour celle qui lui réserva de pareils déchirements et de telles désillusions ? Napoléon sera, à partir de cet jour, un mari soucieux d'assurer à sa femme le bien-être, le luxe, le bonheur, la gloire ; mais ce n'est plus l'amoureux qui s'est laissé prendre au sourire pro-metteur de la créole, dans les salons de Notre-Dame de Thermidor. C'est qu'après avoir été « ainsi que beau-coup de ses contemporains, un mari très épris, dit M. d'Alméras, il sera plus tard un mari très cocu ».

Chose curieuse, essentiellement féminine, c'est à partir de ce moment que Joséphine commencera à aimer le Corse. Tandis que peu à peu, lentement, mais irrémédiablement et définitivement, il se détachait d'elle pour goûter le plaisir en d'autres bras amoureux, sa femme s'appliquait à reconquérir ce cœur qu'elle avait dédaigné et meurtri de mille manières. Vaines ten-tatives ! efforts superflus ! Napoléon était guéri de cet amour-là. Elle, la dédaignée, elle qu'on a voulu si souvent faire passer pour une pitoyable victime et qui, en somme, ne fut qu'une vulgaire gourgandine, elle mendiait les bribes de cette tendresse cabrée, qui se refusait maintenant.

Constant, le valet de chambre de l'Empereur, nous a conté la joie de Mme Bonaparte au lendemain des nuits que lui accordait son mari. « Lorsque l'Empe-reur voulait passer la nuit avec sa femme, dit-il, il se déshabillait chez lui, d'où il sortait en robe de chambre et coiffé d'un madras. Je marchais devant lui, un flambeau à la main. Au bout de ce corridor, était un escalier de quinze à seize marches qui conduisait à l'appartement de Joséphine. C'était une grande joie pour elle quand elle recevait la visite de son mari ; toute la maison en était instruite le lendemain. Je la vois encore dire [à tout venant, en frottant ses petites mains : « Je me suis levée tard aujourd'hui, mais voyez-vous, c'est que Bonaparte est venu passer la nuit avec moi. »

Aux Tuileries, au lendemain du sénatus - consulte du 28 floréal an XII (17 mai 1804) qui le proclamait empereur des Français, Napoléon a dit à

Coffret à bijoux de Joséphine.

Joséphine, se déshabillant pour la première fois dans l'antique palais de la vieille monarchie :

— Petit créole, venez vous mettre dans le lit de vos maîtres !

Ce lit, elle ne l'aura pas longtemps partagé avec Napoléon. Le 15 décembre 1809, le divorce est prononcé, ce divorce où le comte Mollien, le ministre du Trésor public, ne voyait pour la France qu'un arran-

gement de palais. Ce divorce, c'est le dernier acte des
vieilles rancœurs de Bonaparte. Il se sépare de cette
femme qui ne lui a donné ni fidélité, ni amour, ni enfant.
Ah! certes, si elle avait donné un successeur à l'Empereur, si de ses flancs fût sortie la suite de la dynastie,
l'enfant aurait fait tout pardonner à la mère. A l'heure
où sa puissance continentale monte à son faîte, Napoléon se sent un peu honteux de cette femme stérile
qui a traîné ses amants dans tous les lieux de plaisir
du Paris du Directoire et du Consulat.

Le Grand Empire veut une grande Impératrice, de
sang royal, noble, digne du trône où elle doit prendre
place à côté de l'Empereur. C'est pourquoi l'archiduchesse autrichienne Marie-Louise sera choisie ; c'est
pourquoi Joséphine sera écartée de ce trône où la
fortune heureuse la fit monter. Ce n'est qu'en 1809
qu'elle expie ses torts et ses trahisons de 1796 à 1799 ;
c'est alors que Napoléon prend sur elle une re-
vanche éclatante, publique comme l'outrage dont la
boue l'éclaboussa pendant la campagne d'Egypte.

A celle qui, vers l'exil politique, descend du trône,
il donne l'Elysée, la Malmaison et le château de Na-
varre, près d'Evreux. Il liquide toutes ses dettes — et
elles sont effroyablement nombreuses et élevées ! —
lui donne 600,000 francs, d'autres sommes encore, et
la quitte.

C'en est fini d'elle. Dans ce mélancolique château de
la Malmaison, elle traînera pendant cinq ans son élégance fanée, sa taille devenue lourde, son visage cou-
perosé que masquent les fards savants. Le bruit des

dernières victoires de l'Empire s'éteint ici, et c'est le
suprême éclat des torches triomphales qui éclaire cet
horizon où déjà se lève la nuit de la défaite. Les clo-
ches de Rueil annonceront un jour la naissance de l'hé-
ritier de l'Empire, l'avènement à la lumière du Roi de
Rome, et l'Empereur attestera ainsi son droit et son
devoir d'avoir répudié la créole stérile. Ici encore, dans
ce château aujourd'hui muet, un courrier apportera la
nouvelle du désastre de 1812, la Grande Armée en
déroute, là-bas, dans les plaines russes, reculant devant la neige et traquée par les Cosaques.

La vie de Joséphine s'achève par une suprême
lâcheté. En 1814, quand Napoléon abdique à Fontainebleau, quand les armées étrangères ramènent Louis XVIII
aux Tuileries, quand les royalistes odieux et infâmes
crient dans la rues : « Vivent nos amis, les ennemis ! »
quand les belles dames du faubourg Saint-Germain
montent en croupe sur les chevaux des Cosaques, quand
le noble gentilhomme et aigrefin de Maubreuil, attache
la croix de la Légion d'honneur à la queue d'un cheval
et la traîne dans la boue, quand Napoléon part pour
l'exil, quand les Lys chassent les Aigles et que la patrie
râle, serrée à la gorge par les armées alliées, que fait
Joséphine ?

Elle invite le czar Alexandre à dîner et dépense chez
Leroy pour 6,000 francs de toilettes, afin d'être digne
du regard, du sourire et des compliments de l'ennemi
de Napoléon, du vainqueur de l'Empereur !

Il faut croire à une justice divine et immanente.
Au cours de cette même fête, elle sent les premières

atteintes du mal qui va l'emporter. En robe décolletée
elle a fait, par ce beau soir de mai, les honneurs de la
Malmaison aux officiers étrangers et à leur maître.
Le Roi de Prusse est venu lui baiser la main ; elle fait
des cadeaux au czar ; elle se promène avec lui dans le
parc ; elle ouvre le bal avec lui. L'Empereur est tombé ;
l'Empire s'écroule ; Joséphine danse.

Le 26 mai, elle est clouée au lit.

Le 29 mai, elle est morte, hurlant dans son délire :
« L'île d'Elbe !... Napoléon ! » Elle laisse trois millions
de dettes. Son corps repose sous les dalles de l'église
de Rueil, honoré par un tombeau de marbre blanc où
on la voit agenouillée. On lit, gravé dans la pierre :

A

JOSÉPHINE

EUGÈNE ET HORTENSE

1825

Il n'y manque qu'une phrase, sept mots :

« ICI GIT LA FEMME QUI TROMPA NAPOLÉON »

V

«NOTRE SOUVERAINE DE L'ORIENT»

La blonde Pauline Fourés ouvre la série des maîtresses qui consolèrent Bonaparte de Joséphine infidèle.
Ceux qui la connurent nous ont laissé d'elle un charmant portrait. « Elle a de blonds cheveux, une peau de
satin, des perles pour dents », dit Mme d'Abrantès.
Notez que c'est là le témoignage d'une femme, laquelle
est plutôt portée à diminuer qu'à augmenter la beauté
d'une rivale. Cependant le général Paulin est plus
prolixe : « C'est une charmante personne, dit-il, aux
grands yeux d'azur surmontés de sourcils d'un noir
d'ébène, contrastant avec sa belle et abondante chevelure d'un blond cendré qui pouvait la couvrir tout
entière. » Il est vrai que c'est là le dire d'un amant.

Est-ce dans cette grâce blonde, si différente de la
brune Joséphine, que nous devons chercher les causes
de la passion de Bonaparte ? Peut-être, mais il ne convient pas d'oublier qu'à ce moment, le général venait
d'être mis au courant des frasques de sa femme avec
M. Charles. Quoi qu'il en soit, Pauline Fourés lui plut,
et le roman amoureux qui s'ébaucha entre eux ne
manque pas de pittoresque.

Elle était née à Carcassonne d'une cuisinière et d'un père inconnu. Sa mère s'appelant Bellisle, la fille avait été affublée du surnom de *Bellilote* qu'elle conserva toujours, et jusque dans son intimité avec le vainqueur de Mondovi. Une grande partie de ses journées s'était passée dans sa ville natale, comme couturière chez un avocat, M. de Sales. Ce fut à Carcassonne qu'elle rencontra Fourés, ancien militaire, jouissant de quelques modestes rentes paternelles. Pauline ne consentit pas tout d'abord aux propositions de mariage que lui fit son amoureux, mais pressée, harcelée, suppliée, elle accepta et la couturière devint Mme Fourés. Peu après parut l'avis offrant aux anciens officiers de reprendre du service avec leur grade, dans l'expédiiton préparée pour l'Egypte. Fourés ne laissa pas passer une si belle occasion de voir du pays, et poussé par la ci-devant couturière, se décida à reprendre sa vie ancienne, sans rancœur comme sans enthousiasme. Car ce que femme veut... Pauline, elle, fut dans la joie, s'habilla en homme et suivit son mari aux rivages du Nil.

Ah ! Si Fourés avait su ce que lui réservait ce beau voyage, il s'y serait, sans doute, décidé avec une moins complaisante ardeur !

Le voilà donc officier au régiment de chasseurs à cheval, détaché au Caire. La belle Pauline, ayant repris les vêtements de son sexe, se trouve là, en compagnie de quelques jeunes femmes venues elles aussi d'Europe, pour suivre la fortune guerrière de leurs maris ou de leurs amants. Tandis que les hommes sont en campagne

L'usage et la mode, par Dorgez.

(Almanach des modes et de la Parure. 1805.)

ou pris par le service, elles organisent des excursions
aux environs de la vieille ville mahométane, cavalcadant,
dans les plaines brûlées, vers des pyramides mysté-
rieuses ou d'étranges hypogées.

Au retour d'une de ces promenades, la troupe rieuse
et jacassante rencontre l'état-major de l'armée. En
tête, serré dans son habit noir brodé d'or terni, le
chapeau bicorne en bataille sous les plumes ondoyantes,
hissé au haut de sa maigre cavale impatiente, chevauche
le général Bonaparte. Du groupe des officiers au groupe
des Françaises, quelques saluts et quelques plaisante-
ries s'échangent. Des sourires accueillent ces héros
d'Italie, ces grands sabreurs redoutés des fauves ma-
melucks. Parmi tous ces sourires, celui de Pauline
Fourés, éclate, brille comme une perle rare dans un
bel écrin. Il n'échappe pas à Bonaparte pour qui les
femmes asiatiques n'ont aucun charme. En effet, en
septembre (1798) on a amené quelques-unes d'entre
elles au quartier général, « mais leur tournure et leur
obésité, dit Bourrienne, les firent renvoyer tout de
suite. » Junot néanmoins s'attacha à l'une d'elles,
Xraxarane, et en eut un enfant qui, baptisé Othello,
fut nommé par son père, *Jaunette*.

On comprend donc aisément, après ce dégoût d'une
beauté étrangère, la curiosité mise en éveil de Bonaparte.
L'attraction sensuelle fit, une fois encore, son œuvre
en lui, et, comme jamais il ne perdit de temps à
raisonner ses sentiments, il se mit aussitôt à la besogne
pour goûter au fruit défendu qu'était pour lui Pauline
Fourés. Le lendemain de la rencontre sur la route du

Caire, un dîner fut offert à quelques officiers et à quelques dames françaises, par l'ancien chef de la 32ᵉ brigade, le général Dupuy. Mme Fourés en était, naturellement. On n'avait oublié qu'une chose : inviter le
citoyen lieutenant Fourés. On peut croire qu'il en fut
quelque peu surpris, mais il n'en laissa rien paraître,
et resta chez lui. Ayant à sa gauche Junot et à sa droite
le général Dupuy, Pauline Fourés semblait véritablement présider ce banquet aimable et gai. A l'heure du
café, Bonaparte entra, comme pour une visite. Dupuy
s'empressa au-devant de lui, l'invitant à prendre une
tasse de café, ce qu'il accepta volontiers. Il parut
morose, taciturne, se contentant de fixer Mme Fourés
sans dire mot. Sa tasse achevée il se leva, s'inclina et
disparut, laissant Pauline un peu ahurie, car on devine
aisément qu'elle n'avait pas été dupe de l'oubli d'invitation de son mari à ce banquet. En ce moment il se
passa un incident, certainement prévu, combiné. Junot,
saisissant sa tasse de café, le fit si maladroitement
qu'elle se renversa sur la robe de Mme Fourés. Grand
émoi, excuses, tentatives pour réparer les dégâts,
étancher la tache noire sur la robe claire. Junot proposa
de faire laver la robe et d'attendre qu'elle fût
sèche. Pour ce faire il emmena Mme Fourés dans
une chambre où elle trouva un broc d'eau... et Bonaparte.

La robe enlevée, il ne restait à Pauline qu'à tomber
dans les bras du général. C'est ce qu'elle fit, non sans
complaisance, sans doute, et l'entrevue dura deux
heures. Quand elle regagna la salle à manger, personne

n'eut l'air de s'être aperçu de son absence. Le mot d'ordre était venu de haut.

Cette liaison commencée d'une manière aussi piquante, ne pouvait être que fertile en incidents curieux. L'avenir le fit bien voir.

Bonaparte prit goût aux charmes de la blonde Pauline. Il retrouvait en elle cette grâce capricieuse et pétillante des femmes de France, la joliesse alerte et vive d'une méridionale ardente qui se révélait l'âme-sœur du corse fougueux, aimant l'amour pour l'amour. Il ne pouvait qu'apprécier le mérite savoureux de sa trouvaille, et il entendait en jouir copieusement. Ce projet, seul le lieutenant du 22ᵉ régiment de chasseurs à cheval pouvait le contrarier. On se résolut alors à le berner comme un simple mari de comédie, et ce fut une comédie, en effet, qu'on organisa pour le décider à vider les lieux et à laisser la paix aux deux amants.

Un matin, peu de jours après le dîner du général Dupuy, le lieutenant Fourés fut appelé chez le major-général Berthier qui lui communiqua l'ordre suivant, daté du Caire, 18 décembre 1798, et qu'on peut retrouver au tome V, page 216, de la *Correspondance de Napoléon Iᵉʳ* :

« Il est ordonné au citoyen Fourès, lieutenant au 22ᵉ régiment de chasseurs à cheval, de partir par la première diligence de Rosette pour se rendre à Alexandrie et de s'y embarquer. Le citoyen Fourès sera porteur de dépêches qu'il n'ouvrira qu'en mer, dans lesquelles il trouvera ses instructions ».

L'étonnement de Fourès fut prodigieux, sans bornes. C'était une mission de confiance qu'on lui donnait là et qui n'était, ordinairement, accordée qu'à des officiers d'un grade plus élevé, objets de faveurs spéciales. Se doutait-il que ces dépêches, dont on le chargeait pour le Directoire, n'étaient que des papiers sans importance? La mer était, à cette époque, infestée de corsaires et de navires anglais qui tentaient de surprendre les vaisseaux français, ce à quoi ils réussissaient assez souvent.

C'était sur cela que Bonaparte avait compté. Si les Anglais enlevaient Fourès et l'emmenaient comme prisonnier de guerre, il gagnait la paix amoureuse.

Quelques jours plus tard, à Alexandrie, le lieutenant, après de tendres adieux à Pauline, prenait la mer sur un aviso. Ce que Bonaparte et Berthier, et Pauline aussi, sans doute, avaient prévu, arriva. Un brick anglais donna la chasse à l'aviso français et le captura; Fourès et l'équipage furent prisonniers. Les Anglais n'étaient pas sans ignorer ce qui se passait en Egypte, par des espions habiles, et aussi par les correspondances qu'ils parvenaient à saisir sur les vaisseaux prisonniers. C'est ainsi que la liaison du général en chef et de la femme du lieutenant était connue de l'ennemi. Quand le

commodore anglais se trouva devant Fourés, et qu'il
eut pris connaissance des dépêches sans valeur qui lui
avaient été confiées, il ne put s'empêcher de sourire
du tour que Bonaparte avait joué au mari trompé.
L'idée lui vint aussitôt de lui faire rendre monnaie de
sa pièce, et ayant pris Fourés à part, il lui dit :

— Lieutenant, vous êtes mon prisonnier, et comme
tel je devrais vous emmener en Angleterre. Cependant
je ne le pourrais faire avant plusieurs mois, étant chargé
d'une croisière dans les mers du Sud. Je ne puis donc
vous retenir et vais vous déposer sur la côte d'Egypte
où vous serez libre de regagner le Caire.

Voilà Fourés bien heureux d'en être quitte à si bon
compte, de voir ainsi terminée cette mission dont,
ainsi que le dit Bourrienne, on l'avait chargé « par un
ménagement délicat. » Il rentra hâtivement au Caire,
et se trouva dans le cas de Bonaparte, en 1796, à Milan,
devant le palais Serbelloni. La maison était vide et
Pauline envolée.

Elle n'était pas loin, d'ailleurs. Une belle et fraîche
maison de plaisance, située près du palais du général,
à Elfy-Bey, abritait son heureuse et rieuse insouciance.
Son amant y venait souvent dîner en compagnie de son
fidèle Bourrienne, et, le café pris, on montait en voiture,
pour aller, dans la belle nuit orientale pleine de tièdes
parfums, faire la promenade sentimentale. Aux côtés
de la voiture caracolaient deux aides-de-camp dont
l'un était le fils même de Joséphine, Eugène de Beauharnais. C'est cette vie calme et passionnée que le
retour inopiné de Fourés vint troubler. Le pauvre

homme était loin de s'attendre à pareille surprise, et il allait enfin, brusquement, connaître le secret de la distinction un peu ironique dont il avait été l'objet.

Il fit ce que font en pareil cas tous les maris trompés. Il jura, tempêta, cria et courut chez l'officier de l'état-civil, le commissaire-ordonnateur Sartelon, faire prononcer son divorce. C'est évidemment ce que Pauline, devenue pour l'armée, les vieux grognards des bandes révolutionnaires, « *Notre-Dame-de-l'Orient* », attendait simplement de son mari. Redevenue libre, rien ne s'opposait désormais à son règne de favorite. C'est peut-être en ce moment que Bonaparte songea à l'épouser. Il s'était décidé au divorce avec Joséphine, et déjà il cherchait celle qui, dans l'hôtel de la rue Chantereine, allait prendre la place tiède encore, dans le lit au couvre-pied jonquille sur lequel dormait le petit chien rageur de la langoureuse créole.

Brusquement ces projets furent brisés par le départ de Bonaparte, désireux d'aller « cueillir à Paris la poire devenue mûre, » c'est-à-dire de se préparer au coup d'Etat qui allait lui valoir le Consulat.

Il laissa Pauline au Caire, recommandant à Kléber qui lui succédait à la tête de l'armée, de l'embarquer pour la France quand la mer serait devenue moins dangereuse, et, traversant la croisière anglaise, il débarqua, le 10 octobre 1799, à Fréjus, pour changer le destin des Gaules.

Il n'avait pas cessé d'aimer Pauline ; aussi apprit-il à Paris, avec une jalousie extrême, les bruits qui

couraient sur ses relations avec Kléber. « Il était dans
un état presque effrayant, a dit à ce propos la femme
de Junot; la seule pensée que Kléber avait pu lui succéder dans les affections de Mme Fourés lui avait brouillé
la cervelle. » Pour la première fois la jalousie lui mordait
le cœur atrocement depuis les aventures d'Italie où
Joséphine l'avait ridiculisé. Cette jalousie devenait
chez lui de la haine, et l'anecdote que conte Mme d'A-
brantés, est typique à cet égard. « Un matin, il était
sorti avec Duroc, dit-elle, pour aller voir les travaux
du pont d'Austerlitz qu'on construisait dans ce temps-là;
il donnait le bras à Duroc. Tout à coup, un cabriolet
qui allait fort rapidement passe sur le boulevard. Duroc
sent l'empereur lui presser le bras et s'appuyer sur lui
de tout le poids de son corps ; il était fort pâle. Duroc
s'écria, mais l'Empereur le fit taire : « Ce n'est rien,
tais-toi ! » lui dit-il. M. Charles venait de passer dans
son cabriolet. Napoléon ne l'avait pas vu d'aussi
près depuis l'Italie, et l'impression fut vive au point
de le faire trouver mal. Quel était le sentiment qui
l'agitait ? Etait-ce encore de l'amour pour Joséphine ?
Non, il ne l'aimait plus. Ce ne pouvait être un mouvement de cet amour-propre d'homme qui fait souffrir,
même sans amour, de l'abandon d'une femme, puisque
personne ne le voyait en présence de son *ennemi*. J'ai
mis ce mot, et je ne l'ôte pas. Oui, Napoléon regardait
cet homme comme son ennemi. Il le haïssait. »

Cette fois, il n'avait pas même le motif pour haïr
Kléber ; au contraire, il aurait pu lui en vouloir de se
montrer si peu galant, grossier même, pour celle à qui

il avait daigné accorder son amour et ses menues faveurs.

Nous l'avons dit : en quittant le Caire, Bonaparte avait recommandé à Kléber de faire partir Pauline Fourés par un des premiers convois. La chose resta lettre morte pour Kléber. Il embarqua d'abord les malades et les blessés, refusant d'accorder un passeport à la maîtresse du général. La jalousie n'était donc point de mise en la circonstance. Enfin le mauvais vouloir de Kléber céda, et Pauline Fourés, redevenue Pauline Bellisle, put regagner Paris. Le premier Consul lui avait installé, près des Prés St-Gervais, à Belleville, une petite maison discrète où de larges rentes lui assuraient une vie confortable, paisible et luxueuse. Cette dépense ne demeura pas aussi

Corbeille à ouvrage de Joséphine.

secrète que l'aurait désiré Bonaparte. On jasa, si on peut dire, et les pamphlets s'emparèrent de la chose. La Quinzaine du Grand Alcandre, un des libelles les plus odieux et les plus violents de l'époque, parodie des Amours du Grand Alcandre, de Louise-Marguerite de Guise, mémorial de la galanterie royale, reprochait au vainqueur de Lodi de ruiner la France pour ses maîtresses. Ses maîtresses, c'était beaucoup dire, Pauline Fourés l'occupant seule en ce moment.

Mais ces belles amours écloses au grand ciel d'Orient, au pays brûlé et torride des Pharaons, allaient bientôt s'éteindre dans la froide brume de l'hiver parisien. Brumaire était proche et de plus grands soins occupaient Bonaparte.

Ainsi se termina sa liaison avec Pauline Fourés. Son mari était, lui aussi, après la perte de l'Egypte pour la France, revenu à Paris. Il y retrouva l'infidèle, et comme il avait l'amour chevillé au cœur, il tenta de reprendre la vie commune avec elle. C'était bien mal connaître la petite couturière de Carcassonne. Fourés l'apprit bientôt à ses dépens, et la porte de la petite maison de Belleville lui fut impertinemment claquée au nez. Il avait voulu le divorce, il l'avait eu, que désirait-il de plus ?

Il était écrit que le destin de Pauline Fourés serait aventureux et mouvementé comme ses débuts.

Jeune, belle, agréable, piquante, riche des libéralités apportées par Duroc au nom du Premier Consul, elle ne manquait ni de soupirants ni d'admirateurs. Parmi eux son choix se fixa sur le comte de Ranchoup, consul en Espagne. Y eut-il de la part de ce dernier une spéculation malpropre et équivoque sur le passé de sa femme, sur ses relations anciennes avec celui que la France venait d'acclamer comme Empereur, au lendemain de ses triomphes sur les coalitions étrangères et les conspirations royalistes ? On ne sait ; toujours est-il cependant que ce second mariage ne fut guère plus heureux que le premier, car un beau jour, Mme la comtesse de Ranchoup revint seule à Paris, tint table ouverte, reçut dans son salon les élégants et les mondaines, et acquit bien vite un grade élevé dans la galanterie luxueuse du premier Empire. Elle devait voir sa chute, apprendre la mort de son impérial amant et voir revenir les Aigles du second Empire. C'était alors une petite vieille ridée, courbée, cassée, en laquelle personne n'aurait reconnu *Notre Souveraine de l'Orient*, la passion du vainqueur des Pyramides.

Elle mourut rue de la Ville-l'Evêque, en 1869.

VI

DES MAITRESSES

Pendant ses séjours en Corse, alors qu'il n'était que simple lieutenant, Napoléon se signala par quelques aventures amoureuses, dont une faillit être tragique. Il s'agit d'une maîtresse, dont le nom ne nous a pas été conservé, et qui, s'étant crue trompée, invita le jeune homme à dîner, dans le but de l'empoisonner. S'il faut en croire le baron H. Larrey, qui conte la chose, il dut aux prompts secours de la signora Letizia d'échapper à la mort. Ce sont là, il le faut bien reconnaître, des amours véritablement corses, et il fut heureux pour l'Empire que quelques-unes des maîtresses, qui succédèrent à cette irascible amante, n'aient point jugé à propos de l'imiter.

De ces aventures galantes à Ajaccio, il nous est resté une lettre que, pour la première fois nous publiâmes d'après l'original de M. Charavay, l'expert en autographes bien connu, dans notre volume, l'*Epopée du Sacre*. Ce document, au sujet duquel nous avons émis des doutes assez sérieux, est trop curieux néanmoins pour ne point prendre place dans cette chronique de la vie amoureuse de Napoléon. C'est pourquoi nous n'hésitons pas à le rééditer; mais on remarquera cependant avec nous sa date étrange : *Ajaccio, 15 may*. Or, le sénatus-consulte proclamant empereur Napoléon, est du 18 mai ; comment l'eût-on pu prévoir de trois jours à Ajaccio ? Quoi qu'il en soit, voici donc cette lettre, émanant d'une Petronilla Buonaparte qui se prétend cousine de l'Empereur, et dont l'orthographe est, pour le moins, pittoresque :

A Monsieur lampereur Buonaparte, à Sein Clou, pré Pari.

Ajaccio, ce 15 may.

« Laids parvenus sont ordinairoment fiairs ; cés pourquoi j'ais peur de vous écriro. On dit d'ailleurs que lorsque vous étiés consulle, vous avés envoyé biens des gens dans le nouvo ou dans l'autre monde parce qui zavaient écri ce que vous ne vouliés pas qu'on lut. A présan que vous etés ampereur, ce sera pout étro encor pi. Jo me deicide pourtant à vous écriro, persuadée que vous n'oré pas oublié votre ancienno amio et couzino Petronilla Buonaparte.

« La laitro que je vous envoi ne se pairdra pas, j'espaire, et ne sera luo par pairsonne, puisquo j'an chargo uno amie communo, la Brighelti, qui va à Marseille pour apprendre le français, afin de so fer ensuito présenter dans votre cour impérial. Quant je me rappel les heureux momens que nous avons pacé ensemble, mon feble quour est prêt à se fandre. Je souhaite qu'il en soit otant de vous quant vous recevré la présonte laitre. Vous souvené vous du tans où vous donnié des lessons à la petite Petronilla quant vous arrivié de Paris où le Roi vous avé mis à l'école à cause de ce grant seigneur qui était si bien avec ma tante. C'es vous qui m'avés apris à conter et puis l'aurtaugrafe, et puis... Ah ! couzin, je veux dire Cire, quoique vous m'ayés pour ainsi dire planté là depuis que le sistaine d'égalité vous a rendu grant seigneur, je n'ai point oublié nos anciennes liaizons. Je vous en dirais maime là-dessus bien davantage, mais il y en a tous plin de choses qui se pacent entre couzin et couzine, quant on est auprés l'un de l'autre, et qui ne peuvent se mender dans une laittre. J'imagine que la place d'ampereur qu'on va vous donné vous vaudra de bons apointements et que vous n'oré pas à me dire comme quant vous étié lieutenant d'artillerie que vous n'avé pas le sou. Le petit est en pancion, mais je m'épuise pour l'entretenir et je panse que je n'orais pas de jupon si notre vieux oncle le notaire Jeronimo ne m'avé pas praité 18 francs. On m'a bien conseillé de vous écrire, mes je n'en ai pas eu le courage parce quon dizait que depuis que vous vous étiés fé français vous ne voulié plus reconnetro tous les Buonaparte qui sont restés en Corse. Vous connaissé ma timidité naturel, vous savé combien elle a été difficile à vincre. Hé bien, ces toujours de maime. D'après cela, Cire et chair couzin, pous pouvé pancer combien ça me coûte de vous écrire. Ces pourquoi je termine ma laittre en vous assurant des témoignages de mon amitié, toujours com autrefoi. »

On le voit, rien n'y manque : tyrannie, cruauté, orgueil, abandon d'enfant. C'est, en vérité, beaucoup de vices pour un seul homme, et si Napoléon eut des défaut au moins s'abstint-il de ces vices-là.

Admettre cette maîtresse inconnue dans le sérail de l'Empereur, peu importe ; une femme de plus ou de moins n'est pas pour gêner sa mémoire d'amant.

Au hasard, nous allons les voir défiler devant nous, ces odalisques consentantes, soumises au caprice impérial, heureuses de la faveur du maître, se pliant à son désir, et rentrant dans l'obscurité au lendemain du jour de la lassitude.

Les lectrices de Joséphine furent pour lui des proies faciles, qu'il ne fut pas long à convoiter. Constant, quoiqu'il s'en soit défendu en disant « qu'il n'entrait point dans de tels marchés », Constant se chargeait des billets doux. C'étaient des ordres pour celles à qui ils étaient destinés, et on ne connaît pas d'exemple que quelques-unes s'y soient refusées.

Parmi elles, il y eut Mlle Lacoste, une belle blonde aux yeux bleus, qui rappela certainement à Napoléon, Pauline Fourès. Mlle Lacoste, dit une contemporaine, Mlle Avrillon, « joignit beaucoup d'esprit à une gaieté séduisante. »

Lors du voyage fait en 1805 par l'Empereur, pour se faire sacrer et couronner roi d'Italie, à Milan, Mlle Lacoste accompagna Joséphine, et ce fut dans ce temps qu'elle devint la maîtresse de Napoléon. La chose se passa à Milan et ne fut pas longue à venir aux oreilles de la créole. Elle avait une manière de service d'espionnage assez bien organisé autour d'elle, et qui comprenait ses femmes de chambre, les valets, la domesticité tout entière. Ainsi elle fut mise au courant de la faveur d'une nouvelle rivale, au moment où, un peu tardive-

ment, elle tâchait à expier ses amours avec l'élégant
M. Charles.

Ce fut un beau scandale où les larmes jouèrent leur
rôle. Rarement l'Empereur sut résister aux larmes de
celle qui en avait eu si peu pour pleurer le guillotiné
de thermidor. Il céda donc, et on écrivit à la tante de
Mlle Lacoste de venir reprendre sa nièce. Ainsi cette
maîtresse d'une nuit fut mise à la porte avec, en com-
pensation, une dot qui lui permit d'épouser un finan-
cier. Il est bien vrai que l'argent n'a pas d'odeur.

Cette aventure devait se renouveler, presque identique,
avec une autre lectrice de Joséphine. Il s'agissait cette
fois de Mlle Guillebeau qui était du cortège impérial lors
du voyage à Bayonne. On passa une nuit au château
de Marrac. Napoléon en profita pour lui jeter le mou-
choir. Le lendemain, nouveau scandale. On fut cependant moins galant pour Mlle Guillebeau que pour
Mlle Lacoste. Flanquée d'une femme de chambre et
d'un valet de pied, on la réexpédia à Paris. Sous la
Restauration elle se vengea de cet affront à sa manière :
elle devint la maîtresse du duc de Berry. Ainsi elle put
juger de l'odeur des Lys après les étreintes de l'Aigle.

Une des sœurs de Napoléon, Pauline, mariée en premières noces avec le général Leclerc, mort à Saint-
Domingue, devenue, en 1803, princesse de par son
mariage avec Borghèse, semble avoir été d'un grand
secours pour son frère, dans ses aventures galantes.

« Elle s'entourait, dit Mlle Avrillon, autant qu'elle
le pouvait de personnes fort belles et fort complaisantes
pour l'Empereur. » De son côté, dans son *Journal*, le

La Coiffure à la Malicieuse (1805).

maréchal de Castellane, ajoute : « Chez cette bonne
sœur était le théâtre principal de ses amours ; il en
passait assez à la princesse Pauline pour qu'elle eût un
peu de complaisance pour lui. »

Ce fut donc dans le salon de Pauline, et parmi les
lectrices, que le choix de Napoléon se fixa. Le bruit en
courut vite Paris : « On m'a parlé d'une nouvelle La
Vallière qui a fixé les regards du monarque, note mali-
cieusement un pamphlétaire. Elle est, m'a-t-on dit,
petite, blonde, ronde comme une boule et un peu moins
fraîche qu'une rose... La princesse, en bonne petite
sœur, introduit Sa Majesté Impériale et Royale. »

L'élue s'appelait, cette fois, Mlle de Mathis. Castellane dit qu'elle n'avait rien de remarquable. En réalité,
c'était une créature singulière, blonde avec une grosse
tête et de maigres et courtes jambes. Mais un charme
spécial répandu sur sa personne, émanant d'elle, la
rendait agréable, jolie, piquante. Elle n'était pas, en
outre, dépourvue d'esprit. Elle plut à l'Empereur, il
le lui dit, et le sérail compta une odalisque de plus.

Nous savons bien qu'en une matière aussi délicate,
on ne saurait assez contrôler les témoignages apportés.
C'est pourquoi nous ne pouvons que nous montrer
des plus réservés pour l'aventure qui arriva à Mlle
Emilie Corderoi, autre lectrice de Pauline. C'est donc
d'après son témoignage personnel que nous relaterons
le fait, en nous gardant toutefois de le discuter ou de
le juger. Peut-être est-il exact, rigoureusement authen-
tique ; peut-être est-il faux, ou apocryphe : il suffit que
les libellistes s'en soient emparés pour se montrer diffi-

cile et sévère sur sa valeur. Etant couchée, un soir, en son appartement particulier, Mlle Corderoi vit brusquement la porte s'ouvrir et deux hommes, en livrée bleu et or, s'élancer vers son lit. « L'un d'eux m'a saisi les bras, écrit-elle, et l'autre m'a mis une espèce de bâillon élastique dans ma bouche ; ce bâillon s'enflait à mesure que je voulais crier. Après m'avoir attachée sur ma couchette, ils allaient se retirer, lorsqu'une voix assez forte leur a crié : «... Imbéciles ! (ce mot était précédé d'un jurement que je ne répéterai pas) bandez-lui donc les yeux ! » L'homme qui leur avait parlé est entré brusquement. Hélas ! monseigneur, je me trouvai bientôt la victime de sa brutalité ; et je supplie Votre Excellence de me permettre d'oublier certains détails qui blesseraient ma pudeur, et renouvelleraient la cruelle impression que j'ai éprouvée dans cet affreux moment de ma vie. »

Ceci se passait le 20 mars 1810 ; deux jours plus tard, M. de Luçay (1) recevait la lettre suivante :

Monsieur,

« Je croyais que, dans un palais habité par un empereur, et dont la surveillance est confiée à un homme aussi sévère qu'on vous peint, une jeune fill , qui n'a que son honneur pour toute fortune, ne serait pas exposée à le perdre de la manière la plus scandaleuse et la plus brutale.

D'audacieux laquais, hideux comme le crime qu'ils ont commis ou aidé à commettre, m'ont enlevée, hier, et

---

(1) M. de Luçay était le premier préfet du palais des Tuileries.

conduite dans un sale galetas. Après qu'ils m'ont eu placée
dans une situation qui me rendait toute résistance impossible, j'ai entendu ouvrir ou plutôt pousser la porte avec
fracas ; et un homme, qui semble accoutumé à commander,
leur a ordonné, d'un ton brusque, de se retirer. Je ne sais
pas détailler les horreurs qui ont suivi. Je vous demande
vengeance, monsieur ; et si je ne l'obtiens pas, je publierai
votre indifférence au risque de faire connaître aussi ma
honte. ,

SOPHIE LECLERC,
Première femme de chambre
de Madame la duchesse de Montebello (1).

Il faut avouer que les lectrices et les femmes de
chambre jouaient décidément de malheur. Pour ceux
qui citent le fait, il n'y a aucun doute possible: l'homme
brutal était Napoléon, les deux laquais Caulaincourt (2)
et Duroc. Les deux victimes, ajoute-t-on, étant deve-
nues enceintes, furent enlevées et transportées dans
un établissement de sœurs du faubourg Saint-Antoine.
Quand elles accouchèrent, on leur enleva leurs nou-
veau-nés, dont on cacha le sexe, afin de leur faire
remplacer l'enfant dont Marie-Louise allait accoucher,

---

(1) Mme de Montebello était la veuve du maréchal Lannes
tué à la bataille d'Essling en 1809. Elle resta attachée à la
maison de l'Impératrice jusqu'à la chute de l'Empire.

(2) Ministre de Napoléon, duc de Vicence. Son rôle pendant
l'Empire fut surtout diplomatique. Ambassadeur, de 1807 à
1811, à Saint-Pétersbourg, il accompagna l'Empereur dans la
campagne de Russie en 1812. Après Waterloo, il se retira en
Angleterre, et mourut en 1827.

si c'eût été un fille. On confessera que l'histoire est bien romanesque, et nous n'y insisterons pas davantage.

A Fontainebleau, l'Empereur fit la conquête de Mlle de Barral, autre dame de la maison de la princesse Borghèse. Constant se porte garant de la chose, tandis que Mme d'Abrantès la conteste : « Il est faux que l'Empereur ait jamais réussi. » Ne chicanons pas sur

cette conquête. Elle n'enlève ou n'ajoute rien à la gloire de ce fougueux amant.

Jusqu'à présent; il avait usé de femmes honorées par son amour; il allait tomber sur une intrigante. Ce fut une dame de palais de Joséphine, Mme de Vaudey, qui se chargea de ce que nous appellerions aujourd'hui *rouler* l'Empereur. C'était une belle femme, dit Mlle d'Avrillon, et on peut aisément la croire. Mais elle avait un gros défaut : le jeu. Elle jouait partout, ayant toujours un jeu de cartes dans sa poche, et ses pertes étaient nombreuses, car elle accablait Napoléon de demandes d'argent. Il aimait certes donner, mais à la condition

qu'on ne lui demandât point. Cette rapacité de la part
de Mme de Vaudey fut cause de la lassitude de l'Empereur et l'occasion d'un petit scandale. Un jour, une
lettre d'elle parvint à l'Empereur, formulant une
demande de 50,000 francs. Le prétexte donné était
celui d'une dette d'honneur pour laquelle, faute d'y
pouvoir satisfaire, elle se suiciderait. C'est une vieille
rouerie que celle-là, à laquelle les hommes se laissent
quelquefois prendre. Il en fut ainsi de l'Empereur. Il
chargea son aide de camp Rapp de courir à bride
abattue à Auteuil où logeait la dame, et de lui compter
les rouleaux de napoléons demandés. Rapp partit aussitôt, éperonna son cheval qui, blanc d'écume, s'arrêta
au seuil de l'élégant hôtel. Ayant pénétré dans le salon,
il y trouva Mme de Vaudey présidant une fort joyeuse
compagnie attablée devant un tapis vert. On ne semblait aucunement songer là à quelque suicide. Rapp
revint aux Tuileries, conta la chose, et le lendemain
Mme de Vaudey était priée de donner sa démission
de dame de palais. Si l'Empereur fut berné, ce ne fut
que cette fois-là. L'aventure lui coûtait 50,000 francs,
mais il s'en souvint et sut, à l'occasion, en faire son
profit.

Aimant la pompe théâtrale des revues, des grandes
cérémonies, des réceptions solennelles, il devait fatale-
ment se laisser prendre aux charmes fardés des
comédiennes.

La première, parmi elles, fut, paraît-il, Mme Branchu, de l'Opéra. « Elle chantait divinement bien, mais
elle était diablement laide », a dit le frère de Napoléon,

Lucien. C'est pourquoi, sans doute, il jeta son regard sur une autre laideur : Mlle Duchesnois, la tragédienne de la Comédie-Française. Ce fut à elle qu'arriva cette amusante aventure qui prouve, une fois de plus, la sorte de mépris dans lequel l'Empereur prétendait garder les femmes de son temps.

Un soir, la fantaisie, le goût le prit de faire demander

Un autographe de Mme Duchesnois.

Mlle Duchesnois. On disait merveille de son corps qui, paraît-il, faisait oublier la disgrâce de son visage.

L'Empereur préféra, sans doute, en juger par lui-même. Constant vint le prévenir de l'arrivée de la tragédienne. Un travail urgent retenait l'Empereur dans dans son cabinet.

— Qu'elle entre dans la chambre à coucher, et qu'elle se déshabille ! commanda-t-il à Constant.

Le valet de chambre transmit l'ordre. Reine de tragédies cornéliennes et raciniennes, Mlle Duchesnois était habituée à recevoir les hommages des princes et des rois. Sans doute crut-elle les retrouver chez un prince véritable, chez celui qui la conviait à l'honneur de sa couche. Un tel préambule fut donc bien fait pour la surprendre. Elle se résigna néanmoins et commença à se déshabiller. Les robes, les jupes allèrent rejoindre le manteau sur les fauteuils ; les chaussures retirées, la tragédienne resta là, debout, sur le parquet ciré et luisant. Lentement le froid de cette nuit de septembre la pénétrait, la glaçait. Nue, elle frissonnait, attendant le bon plaisir de César. Elle se décida enfin à appeler Constant et à lui exposer le déplorable état où elle se trouvait, en priant l'Empereur d'y prendre quelque considération. Le valet de chambre exécuta le message et se heurta à l'impatience de Napoléon, toujours courbé sur le travail inachevé.

— Mlle Duchesnois est là, Sire...

— Qu'elle aille au diable ! gronda la voix du maître.

Et Mlle Duchesnois s'habilla, s'en alla, et ne revint plus jamais aux Tuileries.

Le lecteur verra, au chapitre que nous lui consacrons plus loin, que Mlle George, autre tragédienne, n'eut point à subir de pareille mésaventure. A la série des maîtresses-comédiennes, vient se joindre encore, après la Grassini, dont nous parlerons par ailleurs, Mlle Mars, de la Comédie-Française. On manque de renseignements précis sur ses relations avec l'Empereur et on n'a retenu d'elle qu'un mot joli, prononcé en 1815, alors que Napoléon passait en revue les troupes sur la place du Carrousel. Mlle Mars s'était avancée dans les rangs des soldats, pour mieux voir le spectacle, et c'est là que la surprit le regard de l'Empereur.

— Que faites-vous là, mademoiselle Mars ? dit-il; cette place n'est pas très convenable pour vous !

— Sire, riposta-t-elle avec une révérence, je suis ennuyée de voir au théâtre la charge des héros et j'ai voulu en contempler un véritable.

L'échappé glorieux de l'Ile d'Elbe sourit, poussa son cheval au delà des rangs de ses grenadiers monumentaux, et passa.

Ce disant, la comédienne rendait à l'Empereur la monnaie de sa pièce. Un jour, à Dresde, admise avec le tragédien Talma à la table de l'Empereur, celui-ci lui avait posé une question relative à ses débuts.

— Sire, lui avait-elle répondu de sa jolie voix profonde et émouvante, j'ai commencé toute petite. Je me suis glissée sans être aperçue...

Ce à quoi Napoléon avait riposté :

— Sans être aperçue ! Vous vous trompez ! Vous voulez dire apparemment que vous avez forcé peu à peu l'admiration. Croyez au reste, mademoiselle, que j'ai toujours applaudi avec toute la France à vos rares talents.

Cet amour du théâtre, de la parade, lui fit peut-être concevoir un bref désir pour une danseuse de corde célèbre sous l'Empire, Mme Saqui. Lors d'une fête,

à laquelle il assistait, et qui était donnée, un soir, aux
détachements de la garde impériale dans les jardins
de Beaujon, Mme Saqui, exécuta quelques-uns des
tours les plus difficiles de son répertoire audacieux de
« fille de l'air ». Fut-ce le coup de fouet qui cingla le

Mme Saqui.

désir impérial ? M.
Ginisty, l'historio-
graphe de Mme
Saqui, s'est posé,
lui aussi la question :
« Jusqu'où alla son
intérêt pour elle ?
Y eut-il de sa part
un caprice d'un mo-
ment, dans le désir
d'une victoire sur
cette « enragée » qui
n'avait pas, comme
tant d'autres, bal-
butié devant lui ou
montré une com-
plaisance servile ?

A cette époque, Mme Saqui ne laissait pas d'être piquante, et le conquérant éprouva-t-il un appétit pour
ce corps souple et onduleux, la tentation d'un plaisir
ayant pour lui un attrait de nouveauté ? On l'assure,
mais je n'ai point trouvé de preuves de cette passade.
L'histoire n'a pas retenu le nom de toutes les visi-
teuses de l'appartement secret des Tuileries, intro-
duites en montant un escalier dérobé, par les soins de

Constant, et elle n'a pas suivi toutes les sorties de
l'Empereur en son « habit bourgeois » de drap brun.
Les indices de cette fantaisie de Napoléon seraient
dans la bienveillance particulière qui suivit Mme Saqui
pendant quelque temps, et aussi dans une sorte de
vantardise de l'acrobate, un peu plus tard. »

Le vainqueur d'Austerlitz et de Wagram, amoureux d'une danseuse de corde ! Le sujet n'eut pas
manqué de piquant certes, mais il est malheureusement, — ou heureusement, au choix ! — trop
romanesque pour mériter quelque créance. Les
exercices de Mme Saqui étaient de véritables tours de
force d'audace et de sang-froid ; or, ce sont là des
qualités que l'Empereur aima toujours, quel que fût
l'individu chez qui il les rencontrait. Quoi d'étonnant
alors de le voir féliciter l'acrobate extraordinaire qui
faisait courir tout Paris et mettait dans la foule le
double frisson du plaisir et de l'épouvante ? De là à être
amoureux de la danseuse, il peut y avoir loin.

Enfin, si à tant de noms divers, dont la liste cependant n'est point épuisée, on ajoute celui de la jolie
Mme de Savary, duchesse de Rovigo, le lecteur aura
à peu près vu défiler devant lui tout le menu fretin
amoureux de Napoléon.

VII

ENCORE DES MAITRESSES

Parmi toutes les femmes aimées de celui que M. de Vogué appelle si plaisamment « un pacha turc », quelques figures moins oubliées et charmantes se détachent. La mémoire de ces grandes odalisques impériales n'est point perdue tout à fait ; elle mérite de fixer un peu plus longuement l'attention. Sur l'horizon napoléonien, ces belles femmes charmantes et gracieuses, qui eurent César à leurs pieds, se détachent, enveloppées d'une ombre mystérieuse. C'est curieusement qu'on les interroge, car n'espère-t-on pas trouver dans leurs paroles la pensée du maître, son esprit, le bref éclair effacé de son génie ? Elles ne disent rien, ces maîtresses impériales ; le secret a scellé leurs lèvres ; on ne sait rien d'elles, sinon qu'elles ont dormi dans les bras de l'Empereur, et que sa bouche, longuement, fougueusement s'écrasa sur leur bouche, pour goûter le grand vin grisant de la souveraine volupté.

Voici la Grassini.

Le *Mémorial de Sainte-Hélène*, testament à la fois

politique et amoureux, lui consacre quelques lignes.
« La célèbre chanteuse G... (Las-Cases cite l'initiale
sans donner le nom ; le lecteur le connaît) attira son
attention. Il la fit demander, et après le premier moment d'une prompte connaissance, elle se mit à lui
rappeler qu'elle avait débuté précisément lors des
premiers exploi s du général de l'armée d'Italie.
« J'étais alors, disait-elle, dans tout l'éclat de ma beauté
et de mon talent. Il n'était question que de moi dans
les *Vierges du Soleil* (1). Je séduisais tous les yeux,
J'enflammais tous les cœurs. Le jeune général seul
était demeuré froid, et pourtant lui seul m'occupait !
Quelle bizarrerie, quelle singularité ! Quand je pouvais
valoir quelque chose, que toute l'Italie était à mes
pieds, que je la dédaignais héroïquement pour un seul
de vos regards, je n'ai pu l'obtenir ; et voilà que vous
les laissez tomber sur moi, aujourd'hui que je n'en
vaux pas la peine, que je ne suis plus digne de vous !»

Voilà un beau récit, qui n'a qu'un défaut : celui
d'être inexact. Le rédacteur du *Mémorial de Sainte-
Hélène*, Las Cases, le fidèle ami de l'Empereur déchu,
place l'anecdote en 1805, lors du couronnement, à
Milan, de Napoléon, comme Roi d'Italie. Il faut donc,
d'après lui, imaginer que depuis la campagne de 1796,
Bonaparte n'avait pas revu la célèbre chanteuse. Or,
après Marengo, en 1800, la Grassini était venue à
Paris. Au lendemain de cette éclatante victoire, elle

---

(1) Opéra alors fort à la mode, dans lequel la Grassini re-
cueillit le plus beau succès de sa carrière lyrique.

en chantait le triomphe guerrier sous les voûtes des
Invalides, alors le Temple de Mars, tandis que la voix
du chanteur Bianchi roulait le tonnerre républicain
du *Chant du XXV Messidor*, écrit par Fontanes et
mis en musique par Méhul.

Ce fut à cette époque qu'on entendit aux concerts
des Tuileries sa voix superbe, qui avait, dit Fouché,
de « sublimes accents ». A la Malmaison, le Premier
Consul la conviait aux soirées du décadi (1), alors qu'en
frac vert des chasseurs à cheval de la Garde Consulaire,
il rassemblait autour de lui les futurs dignitaires de la
Cour Impériale. La Grassini, ramenée par lui d'Italie,
après Marengo, il la vit encore à la fête donnée par
Berthier, au ministère de la guerre, en 1801, le jour
anniversaire de la bataille, dans le grand jardin ombragé arrangé en manière de campement, avec des
tentes, des tambours servant de sièges, des drapeaux et des armes garnissant les murs.

C'était une des belles femmes de l'époque du Consulat, d'une taille harmonieuse, élancée, plutôt grande,
avec d'admirables cheveux noirs à éclairs métalliques
noués par un ruban d'or en forme de diadème. Dans
ces élégantes soirées où les femmes paraissaient avec
des cheveux coupés à la Titus ou des perruques noires
dites à *la Méduse*, la Grassini faisait sensation. Coiffée
d'un turban de gaze lamée, incliné sur la tempe gauche
et garni d'un collier de camées antiques, vêtue d'une

---

(1) Dixième jour de la semaine républicaine. C'était celui que
Bonaparte avait choisi comme jour de réception à la Malmaison.

robe orange, ou vert d'Egypte, ou rose, à couite taille
et à longue jupe, ses petits pieds étroits dans des chaussures chamois découvrant le bas de la jambe gainée de
soie blanche, elle apparaissait comme le symbole même
de cette ardente beauté toscane chère aux cœurs épris
de l'antiquité. C'est qu'aussi à cette époque le triomphe
d'un radieux amour à ses débuts illuminait le front
de la chanteuse. Le Premier Consul avait ordonné en
sa faveur une pension de 15,000 francs par mois, tout
en entourant sa liaison avec elle d'un profond mystère.
Fouché a dit, dans ses *Mémoires*, que ne « voulant
donner à Joséphine, jalouse à l'excès — elle qui avait
un M. Charles ... et tant d'autres à se reprocher ! —
aucun sujet d'ombrage, il ne faisait à la belle canta-
trice que des visites brusques et furtives ». Et l'ancien
ministre de la police impériale ajoute : « Des amours
sans soins et sans charmes ne pouvaient satisfaire une
femme altière et passionnée qui s'enflamma vivement pour le célèbre violon Rode. » Ce fut Rode qui l'enleva à Bonaparte, car la belle chanteuse quitta Paris
avec lui, pour y revenir en 1815 et devenir la maîtresse de Wellington, au lendemain du jour où le
général anglais venait de disperser, dans les plaines de
Waterloo, la grande armée d'Austerlitz et de Wagram.
Ils étaient loin, alors, les mois du Consulat avec la
pension de 15,000 francs ! Celle de lord Wellington
était plus médiocre et ses libéralités plus avares, si on
en juge par la note des fournitures faites, cette année,
à la chanteuse par le grand marchand de modes Leroy.
Cette pièce commerciale, sèche et brève, en dit plus

7

que cent pages sur les dernières années de la vie de la
Grassini. On l'y voit réduite à faire confectionner chez
elle ses robes, par des couturières à façon, et c'était là
la femme dont le tout Paris de 1810 avait été amoureux, dont l'élégance rivalisait avec celle de Joséphine
elle-même ! Voici ce curieux document :

Décembre 1815. — Façon et fourni une robe ve-
    lours noir liséré de satin, ruche de tulle au cor-
    sage, ceinture. . . . . 239 »
Façon d'une robe levantine gris lilas, garnie de
    franges et satin. . . . . 18 »
7 aunes 3/4 levantine à 9 fr. 75 . . . . 75 56
3 aunes de frange à 30 fr. 93 75
Bouillonné de satin lilas, dessous les franges et
    dessous ceinture en satin, étoffe forte dans le col 44 »
6 aunes 3/4 tulle à 6 fr. 40 50
1 1/2 aune blonde à 8 fr. 50. . . . . 12 75
1 aune 3/4 blonde pour manches à 5 fr.. . . . . 6 89
                              ———
                Total 530 45

A cela se réduisait le luxe de la femme qui laissa
entre ses belles mains couler des millions, le flot de l'or
consulaire.

Le *Mémorial* nous donne d'elle une anecdote
où perce la moquerie. Napoléon venait de décerner
la Couronne de Fer au soprano Crescentini. Des mur-
mures s'élevèrent dans les salons contre cette distinction étrangère décernée à un étranger. Un soir, dans un
de ces salons, en présence de la belle Grassini, un beau

parleur reprit l'antienne au goût du jour. « C'était une abomination, disait-il, une horreur, une véritable profanation. Et quel avait pu être le titre d'un Crescentini ? » s'écriait-il. Sur quoi la belle Mme Grassini (cette fois Las-Cases donne le nom en son entier) se levant majestueusement de son siège, lui répliqua du geste et du ton le plus théâtral : « Et sa *blessoure* donc, monsieur, pourquoi la comptez-vous ? » Ce fut alors un tel brouhaha de joie, d'applaudissements, que la pauvre Mme Grassini se trouva fort embarrassée de son succès.

Le duc d'Abrantès.

Quand on songe que la voix de Crescentini aurait fait de lui un des plus beaux ornements de la chapelle Sixtine, on peut penser, en effet, que le mot était vraiment drôle. C'est sur lui qu'on peut clore l'histoire amoureuse de la belle Italienne.

*
* *

Le roman d'une lectrice de la reine de Naples, de Caroline Murat (1), devait être plus bref, et pourtant

(1) Caroline-Marie-Annonciade Bonaparte, la plus jeune des sœurs de Napoléon. Elle épousa en 1800 Murat et devint reine de Naples quand son mari monta au trône. Après sa mort elle mena une vie très retirée et décéda à Florence, en 1839, âgée de cinquante-sept ans.

un lien autrement puissant que la beauté devait retenir l'Empereur près d'elle.

Eléonore Denuelle de la Plaigne, une brune élancée, aux yeux noirs, avait eu une éducation choisie et excellente à la pension de Mme Campan à Saint-Germain, là même où avait été élevée Hortense de Beauharnais, où toutes les élèves portaient un nom aristocratique. Elle n'en était sortie que pour se marier avec un capitaine au 15° régiment de dragons, nommé Revel. Ce ne fut ni une brillante union, ni un heureux mariage. Revel était joueur, libertin. Ces vices le menèrent à commettre des faux en écriture privée, et comme il eut le désagrément d'être découvert, il fut condamné, après deux ans de mariage à peine, à deux années de prison par la Cour de justice criminelle du département de Seine-et-Oise.

Il ne restait comme ressource, à la pauvre Eléonore, que de divorcer. C'est ce qu'elle fit le 29 avril 1806. Grâce aux bons soins et à la recommandation de Mme Campan, elle trouva chez Caroline Murat la place de lectrice qui la mit à l'abri des surprises du sort. Elle ne la mit pas à l'abri de la passion de l'Empereur.

Au mois d'avril 1806, le mois même de son divorce, elle devint sa maîtresse. Brusquement Eléonore Denuelle disparut. On s'informa d'elle. On la chercha et on la trouva, 29 rue de la Victoire, ci-devant Chante-reine, dans un élégant hôtel aménagé par les soins de Duroc sur l'ordre de l'Empereur.

Il y avait à cette brusque retraite un motif puissant,

souverain et sans réplique : la maîtresse de Napoléon
était enceinte.

C'est dans le petit hôtel de la rue de la Victoire,
dans cette rue qui lui rappelait les premières nuits avec
Joséphine, que l'Empereur, rapidement, furtivement,
s'en venait voir Eléonore Denuelle. C'est là que, le
13 décembre 1806,
elle accoucha d'un
fils, celui qui devait
être le comte Léon
et porter jusqu'à la
postérité cette der-
nière syllabe du grand
nom paternel trop
lourd. C'était le temps
où l'Empereur, par-
tant de Posen, fran-
chissait les frontières
de Pologne et s'arrê-
tait à Varsovie. C'est
là qu'il devait ren-
contrer la belle Mme
Walewska qui, bien
vite, fit oublier Eléo-
nore. Sans doute, au

Le Roi de Rome.
(Image populaire)

lendemain de la bataille de Nazietsk (24 décembre 1806)
reçut-il la nouvelle de la naissance de son fils. Il en
exprima sa joie en le dotant de 30,000 francs de rente,
et en accordant 22,000 à la mère.

Nous dirons plus loin quelle fut la destinée de ce

fils d'Empereur. Celle de la mère auprès de son amant était achevée. Elle pleura pendant quelques mois, et le 4 février 1808, elle épousait en secondes noces Pierre-Philippe Augier, lieutenant d'infanterie. Quand arriva la campagne de 1812, le mari d'Eléonore partit en Russie comme capitaine de cuirassiers. Pendant plusieurs mois elle resta sans nouvelles de lui ; enfin, alors que les premiers bataillons de la Grande-Armée revenue en déroute de Moscovie, gagnaient Paris, elle fut fixée sur le sort de son mari. Il était mort à l'hôpital de Marienburg, pendant l'effroyable retraite. On peut penser qu'Eléonore Denuelle de la Plaigne avait la manie et le goût du mariage. Les deux premières expériences avec Revel et Augier ne lui ayant point suffi, elle se remaria une troisième fois, en 1814. Sans doute fit-elle la connaissance de son nouveau mari dans ce monde élégant et bruyant de jeunes officiers ennemis, entrés à Paris après l'abdication de Napoléon à Fontainebleau. C'était un major au service de la Bavière, le comte Charles-Auguste-Emile de Luxbourg. Cette fois son choix fut plus heureux et l'ancienne maîtresse impériale, après avoir suivi son mari en Bavière, revint en 1840 à Paris, comme femme de ministre.

Sa beauté était défunte alors et sa chevelure argentée. Comme Pauline Fourès, elle vit remonter un Napoléon au trône de France, et elle mourut, le 30 janvier 1868, au n° 20, du boulevard Malesherbes, à Paris, la veille de la dernière chute des Aigles.

*
* *

Un galant anonymat a longtemps voilé le nom d'une autre maîtresse de Napoléon, Mme Duchâtel, femme du conseiller d'Etat et directeur général de l'enregistrement. On a conté le début de ses relations avec l'Empereur d'une manière assez bizarre. Notons que le récit nous vient d'un haineux pamphlétaire de l'époque impériale. « Un soir, il remarqua, dit-il, Mme Duchâtel, femme du conseiller d'Etat. Cette dame passa une nuit aux Tuileries. Le lendemain matin les deux amants se querellèrent ; Bonaparte mit Mme Duchâtel hors de l'appartement, en chemise, et lui jeta ses robes devant les aides de camp, les sentinelles et les valets. »

C'est évident prendre une peine inutile que de réfuter pareille absurdité, d'autant plus que les amours de Napoléon et de Mme Duchâtel durèrent quelque temps. Sa passion pour elle, à en croire Constant, aurait été assez forte. « Il attendait pour se rendre chez sa maîtresse que tout fut endormi au château, et poussait même la précaution jusqu'à faire ce trajet qui séparait les deux appartements, avec un pantalon de nuit, sans souliers ni pantoufles. Il me chargea de louer dans l'Allée des Veuves, une petite maison, où Mme D... et lui se réunissaient de temps en temps. »

Toutes ces précautions n'empêchèrent aucunement Joséphine d'être au courant de cette nouvelle passade et d'y trouver le motif d'une colère réservée à chacune des liaisons de l'Empereur. C'est Mme de Rémusat qui

nous a laissé le récit de cette nouvelle scène de jalousie qui, cette fois, eut lieu à Saint-Cloud.

Le premier étage du Palais avait quelques chambres
réservées à une destination vague, inconnue, mais
qui ne pouvait manquer de sembler équivoque à l'Impératrice, car elles communiquaient, par un escalier
dérobé, avec l'appartement occupé par l'Empereur
au rez-de-chaussée. On devine aisément que la surveillance de cet appartement clandestin devait être un
des grands soucis de Joséphine et que son service
d'espionnage, que déjà nous avons vu à l'œuvre à
Milan, en 1805, et au château de Marrac, le 3 novembre
1808, devait entourer l'appartement mystérieux de
soins particulièrement attentifs.

Une pareille constance devait porter ses fruits.

Un jour, alors que l'Impératrice tenait cercle avec
ses dames, dans le salon particulier de ses appartements, elle vit Mme Duchâtel se glisser subrepticement
vers la porte et disparaître. Au bout d'une heure elle
n'avait pas reparu. Brusquement, devenue pâle, Joséphine se leva et sortit à son tour, disant à Mme de
Rémusat :

— Je vais éclaircir tout à l'heure mes soupçons ;
demeurez dans ce salon avec tout mon cercle, et, si
l'on cherche ce que je suis devenue, vous direz que
l'Empereur m'a demandée.

Et elle s'en alla. Il est facile de deviner le but de sa
sortie. Gagnant le cabinet de l'Empereur elle constata
qu'il était vide, ce à quoi elle s'attendait parfaitement. Elle prit aussitôt, en étouffant soigneusement le

bruit de ses pas, le petit escalier dérobé menant à l'appartement mystérieux. La porte en était fermée. Doucement, avec d'infinies précautions, l'Impératrice se pencha sur la serrure, prêtant l'oreille au bruit des voix, qui lui parvenait. Nul doute n'était désormais possible : Mme Duchâtel et l'Empereur étaient là.

Du poing, furieusement, nerveusement, Joséphine martela la porte, criant à tue-tête :

— C'est moi !... c'est moi !...

— Qui ?... moi ?...

— Moi, l'Impératrice !... Joséphine !...

Grand remue-ménage dans l'appartement. L'attente de Joséphine devant l'huis clos dura assez longtemps. Puis la porte s'ouvrit. L'Empereur était là, debout, en costume négligé, indiquant le genre de conversation auquel il se livrait avec Mme Duchâtel. Quant à celle-ci, mi-nue, ses cheveux épars, elle cherchait un refuge

Signature d'Elisa, sœur de Napoléon.

dans les couvertures du lit, parmi les oreillers défoncés aux dentelles fripées. Comme une furie, Joséphine s'élança, l'injure à la bouche, haineuse, vindicative, son sang de créole aux tempes. Mais c'était bien mal choisir son heure. Elle trouvait à qui répondre. La fureur de Napoléon fut indescriptible, au point que l'Impératrice put dire à Mme de Rémusat, qu'elle eut

à peine le temps de dégringoler le petit escalier, de
s'enfuir « pour échapper à son ressentiment. »

Elle n'y échappa pas d'ailleurs, et pour avoir attendu
ne perdit rien. L'Empereur entra comme un bolide,
criant, jurant, brisant les chaises, abattant les vases
de la cheminée, lançant à travers le salon tout ce qui
lui tombait sous la main. Ah ! l'Impératrice s'était permis de venir le surprendre, de le faire espionner ! A
merveille ! On allait voir lequel des deux commandait
à l'Empire : elle ou lui ! Car il en faisait une affaire
d'Etat de ce flagrant délit ! Enfin, il termina par la
menace du divorce.

Ceci calma Joséphine. Le divorce était la chose
qu'elle craignait le plus à l'heure où elle commençait à
aimer son mari après avoir été grisée du vin de sa
gloire.

Ce nouveau scandale porta cependant un coup sensible à la liaison. A la Malmaison où, au cœur de l'hiver,
Napoléon emmena sa maîtresse, ce furent les dernières
flambées de cet amour qui, peu à peu, s'éteignit. « Il
finit, dit Mme de Rémusat, par demander à l'Impératrice de l'aider à rompre une liaison qui ne lui plaisait plus. » Ainsi se termina cette aventure qui le rap-
procha pendant quelques jours de Joséphine. Il se
plut alors à lui raconter par le menu les péripéties
qu'elle ignorait de cette liaison, poussant l'indiscrétion
jusqu'à donner des détails intimes et graveleux « qui
manquaient à toutes les lois de la plus simple délica-
tesse. »

Ce faisant, ne se révélait-il pas le lieutenant, fier de

ses bonnes fortunes, contant à ses camarades — où
à la dernière maîtresse — ses frasques amoureuses ?
C'étaient là des propos de corps de garde et ils indi-
quent, une fois de plus, chez l'Empereur, cette indifférence en matière d'amour depuis qu'il s'est vu et su
trompé, et le mépris qu'il ne cessa de conserver pour
les femmes en général, et pour ses maîtresses en particulier.

*
* *

Le 11 messidor an XIII (30 juin 1805), le cortège
impérial revenu du sacre de Milan arrivait dans la
vieille Gênes, la capitale de la République Ligurienne,
où Masséna avait, en 1800, soutenu son admirable
siège contre les Anglais et les Autrichiens. Comme roi
d'Italie, les villes acclamaient en Napoléon le restau-
rateur de la liberté latine, celui qui rendait la Pénin-
sule à ses destinées politiques primitives et naturelles.
Somptueuses et magnifiques, les fêtes succédaient
aux fêtes, et celle qu'offrit Gênes, le 2 juillet, à Leurs
Majestés Impériales et Royales, fut en tous points
splendide.

On se souvient que c'est dans cette même ville que Joséphine, lors de la première campagne d'Italie, en 1796
après Arcole, courait les plaisirs avec M. Charles,
tandis qu'à Milan, au palais Serbelloni, éclatait le
désespoir de Bonaparte. Ce souvenir dut sans doute
être celui de l'Empereur en franchissant les portes de
la vieille cité ligurienne. Il devait, à son tour, y réserver
un puissant motif de jalousie à Joséphine.

Un antique usage voulait que le service d'honneur auprès des visiteurs royaux fut organisé par les villes qu'ils traversaient. Gênes, se soumettant à la coutume, composa le sien avec un soin rare et, choisit scrupuleusement les plus belles des dames de la ville. Parmi elles se trouva une fille de comédienne, prise à cause d'une éclatante beauté, qui ne pouvait que faire honneur à la ville aux yeux du nouvel Empereur.

C'était Mme Gazzani.

Sa beauté, certes, devait être merveilleuse, puisque toutes les femmes, ordinairement si hargneuses et si jalouses entre elles, étaient d'accord pour la reconnaître et l'admirer. « Il faut avoir vu Mme Gazzani pour se faire une idée de ce que la beauté d'une femme peut avoir de plus ravissant », écrit Mlle d'Avrillon. Et une autre amie de Joséphine, par conséquent peu suspecte, lui rend ce témoignage : « Elle était grande, et avait dans la tournure une grâce parfaite, quoiqu'elle fût un peu maigre. Son teint était brun, quelquefois échauffé, mais ses traits si ravissants, qu'on eût été fâché que rien fût changé à son extérieur. Ses yeux étaient les plus beaux que j'aie vus, exprimant avec promptitude tout ce qu'elle disait et tout ce qu'elle écoutait.» Mais comme c'est une femme qui parle, on ne saurait manquer de trouver quelques critiques au tableau. « Les mains de Mme Gazzani n'étaient point jolies ; elle avait soin de porter presque toujours des gants. Ses dents (*étaient*) fort blanches... son pied n'était pas très bien fait... » Mais ce sont là des détails qu. nous font mieux connaître la physionomie de cette nouvelle maîtresse de Napoléon. Toujours prompt dans ses amours comme dans ses décisions, il eut bientôt fait d'imposer Mme Gazzani comme lectrice à Joséphine. On a vu que l'Empereur avait une prédilection toute spéciale pour cette fonction qu'eurent trois de ses maîtresses.

Tandis que la nouvelle favorite impériale prenait son service aux Tuileries, à Saint-Cloud, à la Malmaison, son mari, par un ingénieux système d'équilibre, qui avait si mal réussi cependant avec le lieutenant Fourés, gagnait dans l'Eure son poste de receveur général.

La faveur impériale ne manqua pas d'attirer autour de Mme Gazzini des adorateurs intéressés. On aimait à être de l'intimité de celle qui approchait de si près le maître. Ses réceptions étaient fort suivies et ses bals très fréquentés. Les élégants du jour y venaient goûter le plaisir de l'*Ecossaise*, de l'*Anglaise*, du *Fandango*, de la *Gavotte*, de la *Mont-Ferrine*, alors à la mode, que Mme Gazzani partageait peu sans doute, car elle dansait mal, dit le maréchal de Castellane qui fut un de ses amis fidèles, et qui lui resta, ainsi qu'il l'affirme, « dévoué jusqu'à la mort ».

Dans sa calèche en forme de corbeille, attelée à la

Le roi de Westphalie.

Daumont, elle faisait sensation dans ses promenades, et aux portières trottaient toujours, galants et empressés, de beaux officiers aux uniformes brodés et chamarrés, des jeunes gens en redingotes courtes, couleur ramoneur, à triple collet, à pantalons de nankin serrés dans des bottes collantes, en chapeau rond.

La fidélité fut la chose qui manqua certes le plus à l'Empereur. La belle Mme Gazzani devait avoir le sort de de toutes celles qui l'avaient précédée dans le cœur de Napoléon, de la Grassini, de Mlle Lacoste, des amoureuses enivrées de la faveur brusque et inopinée, et rejetées ensuite, objets inutiles ayant cessé de plaire.

A quelle cause attribuer la fin de la passion de l'Empereur ? On nous a dit qu'il craignait d'être maîtrisé par une femme, qu'il redoutait d'être dominé impérieusement par l'une d'elles. La chose est possible, mais c'est chercher bien haut, croyons-nous, une chose qui se trouve plus bas.

Il était las, tout simplement, de Mme Gazzini, et la lassitude ne pouvait être chez lui un sentiment discutable. C'était vers 1809, à l'époque du divorce.

Brusquement, en coup de vent, Napoléon entra un matin chez Joséphine. Il avait au front ce pli qui dénotait chez le Corse la volonté têtue :

— Chassez Mme Gazzani, dit-il, il faut qu'elle retourne en Italie.

C'était singulièrement liquider une liaison amoureuse, mettre dans la rupture autant de brusquerie rude et d'impétuosité que dans les débuts.

Cette fois il trouva une Joséphine moins complai-

sante. Soit qu'elle le vît décidé au divorce et n'es-
pérât plus le retenir, soit qu'elle voulût à son tour lui
rendre la monnaie de sa pièce, elle répondit :

— Je garderai Mme Gazzani, avec moi.

Et elle la garda.

Il est donc faux de dire que la rupture eut lieu en
1805, deux mois après l'arrivée de Mme Gazzani à
Paris, comme le fait Mlle Georgette Ducrest, dans ses
Mémoires sur l'Impératrice Joséphine. D'ailleurs le
maréchal de Castellane affirme bien nettement : « Lors
de la répudiation de l'Impératrice Joséphine, Sa Majesté refusa de l'attacher à l'Impératrice Marie-Louise.»
Le règne de Mme Gazzani était passé ; une nouvelle
favorite allait lui succéder dans ce cœur oublieux et
si involontairement infidèle et menteur à l'amour.
Ce fut le signal de l'abandon. Plus de jeunes cavaliers caracolant aux portières de la calèche des promenades, plus de ces somptueux dîners où les amateurs
de bonne chère appréciaient aussi des vins fameux,
le Frontignan, le Chypre, le Syracuse, le vin du Cap
de Bonne-Espérance, le vin de Rota, de Malvoisie, de
Madère. Le salon de Mme Gazzani, peu à peu, fut dé-
serté, ce salon où jadis le maréchal de Castellane rencontrait le prince de Saxe-Cobourg « qui partageait
en ce temps-là nos plaisirs, ne se doutant pas alors
qu'il serait un jour le mari de la princesse Charlotte
d'Angleterre. » Plus de valseurs empressés, plus d'élégants adorateurs. Le vide se faisait autour de l'abandonnée que de rares amis s'en venaient consoler. Jadis
« nous nous réunissions chez Mme Gazzani, plusieurs

fois par semaine ; on y jouait aux jeux innocents, on faisait des charades... J'ai vu successivement chez elle des gens qui m'en paraissaient fort épris... Les plus jolies femmes de la cour y venaient ; c'était à qui y serait admis tant qu'elle fut en faveur. Lorsqu'elle cessa de l'être, bien des gens l'abandonnèrent. Beaucoup de ses amis cependant lui restèrent fidèles ; cela fit son éloge et le leur. »

L'Empire passa. Le cataclysme de 1814 arriva et l'Île d'Elbe fut le royaume de celui qui avait eu la France de Charlemagne. Puis éclata le retour de 1815, et le règne des Cent-Jours revit Mme Gazzani aux Tuileries. Mais elle avait alors quarante-deux ans, une fille, et des rides. Elle ne pouvait que rappeler à Napoléon les années heureuses de son triomphe, les jours passés et perdus, l'éclat d'une gloire qui était à son déclin, et l'ivresse de triomphes que Waterloo allait bientôt couvrir, et à jamais, de ses cendres brûlantes.

La liaison de Napoléon avec la belle Génoise, avait, en réalité, duré quelque peu moins de deux ans.

***

Le lecteur n'aura pas été sans remarquer le procédé, presque toujours pareil, qui fut usité pour ces ruptures amoureuses. Mieux que toutes les digressions il fait admirablement comprendre la psychologie de Napoléon amant. Ce caractère autoritaire et extraordinairement passionné s'y révèle en son entier. C'est un procédé de houzard, et les beaux officiers de la grande Armée, les élégants pandours de l'Empire, les sabreurs à moustaches victorieuses, n'ont pas procédé différemment. Il faut se convaincre de ceci : c'est qu'un grand nombre de bonnes fortunes de Napoléon sont dues au prestige impérial ; elles n'auraient cependant pas été moins nombreuses s'il n'eût été qu'un major ou un colonel. Il avait de quoi vaincre l'ennemi et réduire les belles. En amour, comme en stratégie, il a appliqué les deux principes qui lui furent toujours chers : « Une bataille n'est perdue que si on la croit perdue », et « J'échauffe les têtes froides et je refroidis les têtes chaudes. » Or, il n'a jamais cru qu'une femme pût lui résister : de là toutes les odalisques de ce brillant sérail, qui demeurera et demeure un des plus curieux dessous de l'histoire.

VIII

UNE COURTISANE-TRAGÉDIENNE

Au nº 334, rue Saint-Honoré, habitait, sous le Consulat, une fort belle femme, que l'on surnommait, avec
raison sans doute, la « Vénus française ». Elle avait
un amant libéral et somptueux, le prince Sapieha,
qui, disait-on, lui donnait 5.000 fr. par nuit. «Fallût-il
en diminuer la moitié, cela faisait encore un profit
assez honnête, » écrivait à l'époque un des espions de
Louis XVIII à Paris. Grâce à cet amant, elle possédait
une garde-robe merveilleuse, des dessous et des robes
d'un luxe vraiment royal. C'étaient des chemises en
fine batiste à manches gaufrées, brodées par la grande
lingère de l'époque, Mlle l'Olive ; des jupons en mousseline des Indes ; des transparents de marceline rose ;

Mlle George, par Gérard.

des manteaux de lit chargés de Valenciennes ; des châles de cachemire des Indes ; des écharpes en point d'Angleterre ; des fourreaux de dentelle en point à l'aiguille ; des robes de bal garnies de fleurs brodées ; ces luxueux chiffons, enfin, des fortunes, qui, à l'époque, constituaient le trésor des femmes élégantes. Jamais, d'ailleurs, tout cela ne fut mieux porté que par la maîtresse du prince Sapieha. Cette belle femme admirée de tout Paris, c'était Mlle George Weimer, de la Comédie-Française.

Avant de connaître ce luxe, cette splendeur et cette gloire, sa jeunesse s'était écoulée tristement, dans la misère et l'obscurité.

Son père était directeur de spectacle à Amiens, mais ses affaires furent à ce point peu brillantes que sa femme, sa fille et son fils, préférèrent aller tenter la fortune à Paris. Le fils, après avoir été l'élève du fameux Kreutzer, le grand musicien, s'était mis à donner des leçons lui-même, et parmi sa clientèle se trouvaient les fils de l'ambassadeur de Hollande. C'était un excellent fils et un bon frère. Mlle George a dit, plus tard, qu'il donnait à sa mère la majeure partie de ses gains. Cette famille désemparée, en lutte avec le besoin, en butte à la pauvreté, s'était logée dans un modeste et triste petit appartement de la rue Croix-des-Petits-Champs. Pour l'aider à subsister, le père resté à Amiens envoyait des caisses de légumes et des hardes, tandis que la nourrice de la jeune George allait, à la Seine, laver le linge de la famille.

A Amiens la jeune fille avait débuté sur les planches

paternelles et on lui avait, outre sa beauté en fleur, reconnu certaines qualités qui méritaient d'être déve-loppées et mises en valeur.

Le promesse de ce talent décida Mlle Raucourt (1) à s'occuper d'elle et à lui donner des leçons. Elle habi-tait, en hiver, à l'allée des Veuves, aujourd'hui avenue Montaigne, et en été dans une charmante maison de plaisance près d'Orléans, à la Chapelle. Ce fut dans l'un et l'autre de ces endroits que Mlle George alla, sans beaucoup d'entrain d'ailleurs, prendre les leçons de la grande tragédienne à son déclin. A cette époque, un éclatant début venait d'avoir lieu à la Comédie-Française, le 3 août 1802 : celui de Mlle Duchesnois.

C'était une actrice dont le *Courrier des Spectacles* disait qu'elle « avait une taille avantageuse, beaucoup d'âme et de chaleur, ainsi qu'une intelligence parfaite. » Elle était très laide, et c'est l'aveu de tous les contem-porains. Malgré cet énorme défaut pour une tragé-dienne, elle avait « une voix touchante qui faisait pleurer », juge Mme de Rémusat, et on peut la croire, car c'est pour elle, a-t-on dit, que fut inventée l'ex-

_____

(1) Sophie Raucourt fut une des plus grandes tragédiennes de son temps. Elle excellait dans les rôles des reines tragiques, grâce à une voix sonore et forte, à une taille haute, à une vaste carrure, qui, d'ailleurs, la faisaient accuser d'un vice contre nature, ce dont elle se défendait à peine. Emprisonnée sous la Terreur, elle ne fut libérée qu'en thermidor an II. Joachim Murat lui confia, alors qu'il était roi de Naples, la direction du théâtre de sa capitale. Mlle Raucourt se piquait d'écrire. On a d'elle un drame qui eut du succès : *Henriette*. Vieille, sa gloire passée, elle mourut avec l'Empire. En 1815 on l'enterrait au cimetière du Père-Lachaise.

pression, aujourd'hui triviale et populaire, « avoir des larmes dans la voix. » C'est cette rivale que Mlle George allait affronter sur la scène du Théâtre Français, dans le rôle de Clytemnestre, d'*Iphigénie en Aulide*, de Racine.

Ses débuts eurent lieu quelque peu après ceux de Mlle Duchesnois, le 28 novembre 1802. Elle avait certes beaucoup moins de qualités que cette dernière. Chez Mlle George, la voix était rauque, et Lucien Bonaparte a dit d'elle dans ses *Mémoires :* « Superbe femme, médiocre tragédienne, laquelle avec un mauvais organe a pourtant une belle diction ; en tout belle et bonne grande reine, si ce n'est que rarement, peut-être jamais sublime. »

Mais, chez Lucien, c'était peut-être une question de dépit amoureux, car il a circulé sur lui et Mlle George un bruit scandaleux qui doit être rapporté ici. Nous avons dit que Mlle Raucourt s'était intéressée à la débutante. Comme professeur de déclamation, c'était assurément elle qui convenait le mieux à la jeune fille ; on ne peut, malheureusement, en dire autant au point de vue de la moralité. Celle de Mlle Raucourt était depuis longtemps à l'état de souvenir et on ne peut que difficilement, dans ces conditions, contester avec beaucoup d'assurance l'aventure que nous rapportons.

Le frère de Napoléon avait remarqué la beauté sculpturale de Mlle George, et il n'y était pas resté insensible. N'ayant sans doute pas vu ses propositions accueillies par la jeune fille, il s'en ouvrit à son professeur, et il trouva auprès de Mlle Raucourt une aide complaisante. Entre les deux personnages, un singulier et étrange marché fut conclu. Lucien inviterait le professeur et l'élève à un souper fin, au cours duquel l'occasion serait saisie aux cheveux, si on veut nous permettre cette périphrase. En échange de ses services Mlle Raucourt devait recevoir 120.000 francs et une rente viagère de 10.000 francs. On assure que la vieille tragédienne accepta les clauses du contrat proposé par Lucien Bonaparte, mais on est moins affirmatif quant à la réussite de l'entreprise. Mlle George opposat-elle de la résistance ? Mlle Raucourt n'osa-t-elle pas aller jusqu'au bout ? Ceci demeure un mystère. Cependant on peut trouver un éclaircissement dans la conduite de Lucien après cette aventure. On sait pertinemment qu'il envoya à Mlle George, alors que celle-ci

Une caricature de 1803 sur Mlle George.

était encore la maîtresse du prince Sapieha, une théière en vermeil contenant cent louis d'or. Ce sont là des cadeaux qu'on ne fait qu'aux femmes envers qui on a des obligations, une manière élégante de s'acquitter de ce que nos nymphes contemporaines appellent si galamment leur « petit cadeau ». Il demeure donc à peu près probable que le beau Lucien a réussi auprès de la belle courtisane.

Revenons aux débuts de Mlle George.

Nous en trouvons un écho dans un journal de l'époque, l'*Opinion du Parterre*, qui s'exprime en ces termes sur elle : « Jamais, peut-être, on n'a vu une plus belle femme sur la scène française, et Mlle Raucourt, elle-même, si vantée à ses débuts en 1773, ne nous parut pas aussi belle alors que ne l'est aujourd'hui son élève. » Tous cependant n'accueillirent pas aussi favorablement cette débutante de seize ans qui voulait jouer les vieilles reines tragiques. « Les applaudissements qu'on lui donne sont une véritable conspiration contre l'art, » écrit le *Courrier des Spectacles*. Que reprochait-on, en somme, à Mlle George ? La voix un peu rauque, la jambe assez forte, une taille lourde, un défaut de prononciation, et surtout son audace à oser rivaliser avec Mlle Duchesnois. On pense bien que la guerre fut aussitôt déclarée entre elles, et la représentation de *Phèdre* avec Mlle George fut une des plus mouvementées que jamais le Théâtre Français eût l'occasion de voir. Ce rôle de Phèdre était celui où triomphait Mlle Duchesnois, et Mlle George prétendait la battre sur ce même terrain. Une terrible cabale fut organisée par l'actrice laide contre la splendide tragédienne, et elle distribua à ses amis, en même temps que des billets de parterre, des sifflets. La presse s'en mêla, se divisa en deux camps ; la police fut mobilisée, le théâtre en état de siège. On peut aisément deviner ce que fut, dans ces conditions, cette mémo-

rable représentation. Elle ne prouva rien d'ailleurs,
si ce n'est que la haine de Mlle Duchesnois pouvait se
porter aux plus déplorables extrémités. Les faiseurs
d'épigrammes eurent beau jeu, et parmi celles qu'ils
lancèrent on peut citer celle-ci, une des plus chari-
tables :

> Entre deux actrices nouvelles,
> Les beaux esprits sont partagés ;
> Mais ceux qui ne se sont rangés
> Sous les drapeaux d'aucune d'elles,
> Préféreront sans contredit,
> Sauf le respect de Melpomène,
> D'entendre l'une sur la scène,
> Et tenir l'autre dans le lit.

Malgré tout Mlle George fut engagée le 4 août 1803.
Ses appointements étaient de 4.000 francs. On devine
sans peine que ce n'est pas avec cette somme-là qu'elle
se pouvait payer le luxe de chemises fines au point
qu'on les pouvait passer à travers une bague.

La guerre entre elle et Mlle Duchesnois ne cessa que
le 10 mars 1804. Ce jour-là elles furent toutes deux
nommées sociétaires, et c'est à Bonaparte que Mlle
George devait de ne pas avoir été vaincue par sa
rivale.

*
* *

Nous voici donc arrivé aux relations amoureuses
de Bonaparte, premier consul, avec la tragédienne.
Ces relations, comme quelques-unes de celles que nous

avons signalées, n'ont été mises en doute par personne.

Dans ses *Mémoires*, Lucien Bonaparte dit : « Mlle George passait pour être richement protégée par le Premier Consul; il n'affichait point cette protection, mais on en parlait en haut lieu. » La tragédie devait certes être, avec la beauté de l'actrice, pour beaucoup dans cette passion. On sait que l'Empereur avait au plus haut point le goût de Corneille et de Racine, et qu'il n'admirait que peu ou prou la comédie. C'est avec raison que l'acteur Fleury a pu écrire à ce propos : « Il a dit de Corneille que, s'il eût existé de son temps, il en aurait fait un prince. Je gage qu'il n'aurait pas fait de Molière un chambellan. » Rien de plus vrai. L'héroïsme romain de *Cinna*, d'*Horace*, devait plaire à l'homme qui avait emprunté à la Capitale de l'Empire latin le Consulat et qui préparait le règne de l'Empire français.

Ne s'est-il pas proclamé dans le bronze prisonnier de la colonne Vendôme : « Imperator » et « Auguste » ? N'est-il pas le César des temps nouveaux, celui qu'on représente, dans les images populaires, en toge romaine, le laurier d'or aux tempes et la lance guerrière au poing ? Dans les tragédies cornéliennes, le public applaudit les allusions à l'Empire, et Bonaparte aime que le passé conseille ainsi le présent et présage l'avenir.

Ce fut au mois de nivôse de l'an XI (décembre 1803) qu'il fit appeler pour la première fois Mlle George au palais de Saint-Cloud où il venait de s'installer. Le lecteur connaît déjà cet appartement où devait, quelques années plus tard, éclater la jalousie de Joséphine

au spectacle de Mme Duchâtel couchée dans le lit
impérial. La compagnie de la tragédienne lui était
agréable, et Constant dit : « Sa conversation lui plaisait
et l'égayait beaucoup, et je l'ai souvent entendu rire,
mais rire à gorge déployée, des anecdotes dont Mlle
George savait animer les entretiens qu'elle avait avec
lui. » Sans doute lui racontait-elle ces *potins* de théâtre,
alors comme aujourd'hui si souvent croustillants, et
l'Empereur ne fut jamais, on le sait, ennemi de ces
petits racontars ironiques ou méchants qui le délassaient
des grandes préoccupations de sa politique. Il est probable que le jour où les anecdotes furent épuisées,
Mlle George cessa de plaire, et que l'Empereur chercha
autre part ce qui n'avait plus chez elle le mérite de la
nouveauté.

Cette liaison fut cependant marquée par un petit
incident comique qui en précipita peut-être le dénoue-
ment. La chose eut lieu dans ce petit entresol des Tuileries, spécialement réservé aux visites féminines, et où,
comme tant d'autres, Mlle George vint, se déshabilla
et se laissa aimer.

C'est le petit recueil curieux intitulé *Bonapartiana*,
qui mentionne l'aventure, reproduite depuis, sans
variantes, dans l'*Histoire des Amours de Napoléon
Bonaparte*, parue en 1834.

« Napoléon fit appeler un soir Mlle George, y lit-on.
Il avait eu des contrariétés qui lui avaient donné pendant toute la journée des crispations de nerfs. Une
nuit passée avec Mlle George n'était pas faite pour
rétablir le calme dans ses sens. Quoi qu'il en soit, vers

les deux heures du matin, elle s'aperçut que l'Empereur venait de se trouver mal et avait perdu connaissance. La frayeur s'empara d'elle ; elle perd la tête et le jugement, pousse de hauts cris, fait jouer toutes les sonnettes. On accourt, on va chercher médecin et chirurgien ; tout le palais était en rumeur. Joséphine s'éveille au bruit ; elle accourt chez l'Empereur, et la première chose qu'il vit, en reprenant ses sens, fut George à demi-nue qui le soutenait dans ses bras, et l'impératrice en face. Il se mit dans une fureur qui manqua de le faire retomber dans l'état d'où il venait de sortir. On fit disparaître l'actrice tremblante, et jamais il ne lui pardonna l'esclandre qu'elle avait occasionné. ♦

Le lecteur connaît l'aventure qui, dans ce même appartement, arriva à la pauvre Mlle Duchesnois oubliée par l'Empereur, au travail. L'aventure de sa rivale, de Mlle George, était, pour le moins, aussi plaisante et l'une n'avait désormais plus rien à envier à l'autre. Mais il y a une suite à ce chapitre, et une suite non moins curieuse.

Devenue vieille, Mlle George fit ce que beaucoup de femmes de son âge et de son époque firent : elle rédigea ses *Mémoires*. Ayant cependant conscience de son infériorité littéraire et de son manque de syntaxe, elle écrivit ses souvenirs à l'intention de Mme Desbordes-Valmore (1) afin que celle-ci leur donnât une forme

_____

(1) Marceline Desbordes, actrice elle-même, avait épousé le comédien Valmore qui la rendit des plus malheureuses. Elle .

correcte et définitive. Mais la pauvre Desbordes-Valmore avait d'autres pages à écrire et d'autres souvenirs à oublier. Les 170 pages de manuscrit de Mlle George demeurèrent oubliées, perdues, enfouies dans une armoire. Il fallut la vente à l'hôtel Drouot des collections du fils d'un ancien directeur de la Porte-Saint-Martin, M. Tom Harel, pour remettre au jour cette confession d'une maîtresse impériale.

C'est le récit des trois nuits que Mlle George passa à Saint-Cloud où l'avait mandée le Premier Consul. On comprendra donc l'importance de ce document d'une indiscutable authenticité. Est-ce à dire qu'il y faille attacher une confiance illimitée et l'admettre aveuglément ? Pour notre part, nous ne le pensons guère, et pour plusieurs raisons, dont la meilleure est que Mlle George était comme ses sœurs, menteuse, et au delà même de ce qu'on pourrait croire. Mais ce n'est pas sur cela seul que nous nous basons pour nous inscrire en faux contre certains détails donnés dans son manuscrit. Ne veut-elle pas nous faire croire qu'elle est allée à Saint-Cloud, pure et vierge, intacte de toute souillure ? Et le prince Sapieha, qu'était-ce donc ? Un soupirant platonique ? Les soupirants platoniques ne se ruinent pas complètement pour le « tendre objet de leur flamme », et ne leur meublent pas hôtel et ne

---

chercha une consolation dans la poésie et publia divers recueils dont quelques-uns sont charmants de grâce attendrie : *Elégies et romances, Bouquets et Prières, Pleurs*. Elle naquit en 1786 et mourut en 1859. Ce fut une femme charmante et malheureuse.

leur mettent pas chevaux dans les écuries et calèches

Une lettre de Mlle George.

dans les remises. Platoniques aussi, les cadeaux de

Lucien ? Allons donc ! Et tout cela pour nous faire admettre qu'elle a résisté trois nuits à Bonaparte !

Austerlitz, Eylau et Wagram ont demandé moins de temps que cela. Une tragédienne n'est pas une armée, c'est une femme simplement, et on sait comment Napoléon s'y prenait avec elles.

Signature du mameluk de Napoléon.

IX

UN AMOUR EN POLOGNE

Nous touchons ici à une des grandes passions ue l'Empereur. Jamais peut-être l'amour ne flamba si haut, la volupté n'atteignit un tel paroxysme dans ce cœur désordonné et tumultueux. Au faîte de la splendeur il a goûté avec rage, avec fureur, cet amour total, absolu, qui ne connut ni bornes ni freins, et que seul le mariage avec Marie-Louise, à l'apogée de sa politique triomphante, vint interrompre.

Après la victoire d'Iéna, le 14 octobre 1806, les armées françaises avaient commencé l'envahissement de la Pologne, et le 29 novembre elles occupaient Varsovie. Parti de Posen le 16 décembre, Napoléon arriva à Varsovie le 19 et, le 23, lança au delà du fleuve, le Bug, la division du corps d'armée du Maréchal Davout qui allait faire battre en retraite une armée de quinze mille Russes à Czarnovo.

C'est dans cet intervalle qu'il faut placer la première rencontre de l'Empereur avec la comtesse Marie
Walewska.

Les Polonais, qui attendaient de Napoléon la recons-
titution du vieux royaume démembré et confisqué par
les Russes, l'accueillirent comme l'année précédente
Gênes et la République Ligurienne l'avaient accueilli.
A Varsovie comme en Italie, les fêtes succédèrent aux
fêtes, les bals aux bals, et ce fut à l'un d'eux, offert
par la noblesse polonaise, que le regard du César ··· ·
contra celle qui allait devenir la nouvelle favorite et faire oublier la pauvre Eléonore Denuelle de La
Plaigne qui donnait le jour, à Paris, en ce moment, à
un fils de l'Empereur.

Mme Walewska avait vingt-deux ans, un teint
extraordinairement éblouissant comme toutes les
belles Slaves, d'admirables yeux bleus et une chevelure blonde qui ajoutait à tout l'éclat de sa beauté
réservée et élégante. « On peut dire que son âme est
aussi belle que sa figure », a dit d'elle Napoléon à son
frère Lucien.

Qu'on s'imagine l'état de l'Empereur au moment
de sa rencontre avec la belle Polonaise. Arrivé depuis
le 28 septembre à Mayence, il tenait la campagne depuis
trois mois, las, harcelé, triomphant toujours, ajoutant
le laurier d'Iéna et d'Auerstadt à sa couronne. Il n'a
pas eu le loisir de songer à l'amour, quand, brusquement, il se trouve transporté dans ce milieu de belles
femmes qui ne demandent pas mieux que de s'attirer
un regard du Maître qui dispose de la victoire.

Dans ses lettres à Joséphine, il insiste continuellement sur seslongues nuits vides et solitaires. C'est le seul regret qu'il donne à la créole infidèle au milieu des steppes glacés. Le 2 décembre il lui écrit : « Toutes ces Polonaises sont Françaises, mais il n'y a qu'une femme pour moi... Ces nuits-ci sont longues tout seul...»

Le lendemain, il dit : « Dans les déserts de Pologne on songe peu aux belles. » Il s'est trop avancé en écrivant cela, car c'est le moment où la comtesse Walewska entre dans sa vie. Il se garde bien, naturellement, d'en parler à Joséphine, et il se contente de lui répéter le refrain déjà fredonné : « J'eusse aimé partager les longues nuits de cette saison avec toi !» (Lettre du 8 janvier 1807). La chanson n'a presque pas de variante, et il se dit « un peu ennuyé quelquefois de la longueur des nuits. » (Lettre du 11 janvier 1807). Ces nuits, c'est pourtant Mme Walewska qui les partage, mais ne faut-il pas calmer la jalousie de Joséphine qui demande à le venir rejoindre à travers les neiges de l'hiver moscovite ?

A ce bal de la noblesse, attiré par la beauté de la Polonaise, Napoléon s'approcha d'elle, et avec cette brusquerie charmante qui fit céder tant de femmes, il engagea la conversation.

Mme Walewska avait épousé un vieillard, homme riche et considérable, ainsi qu'on le voit souventes fois dans les romans. Elle imaginait que sa vie était un roman aussi, et ses malheurs conjugaux et leurs plaintes trouvèrent, le plus naturellement du monde, un complaisant écho dans Napoléon. Convaincu ou non, il

plaignit cette jeune femme livrée à un impotent qui
n'en pouvait comprendre les charmes, et il entreprit
de ces consolations compatissantes auxquelles les
femmes ne résistent pas.

Cependant, ce soir-là, il n'insista pas davantage et
n'alla pas plus loin. Mais il
rentra singulièrement troublé
au palais, et, si sa nuit fut
agitée, son réveil ne le fut pas
moins. Constant eut toutes
les peines imaginables pour
arriver à lui achever sa
toilette. Alors, il n'y tint
plus et fit venir « un grand
personnage », dit Constant.
Lequel ? On ne sait. Peut-
être Duroc, mais Duroc
s'était démis l'épaule ou
brisé la clavicule dans un

Le fidèle Duroc.

accident de voiture aux environs de Posen. Force nous
est donc de nous contenter de la désignation donnée
par Constant. Le « grand personnage » eut ordre d'aller
trouver la comtesse Walewska, de lui présenter les
hommages de Napoléon et de lui faire part du plaisir
que celui-ci aurait à la recevoir.

Les femmes sont fines quelquefois. Mme Walewska
comprit, ainsi qu'il fallait l'entendre, l'invitation
impériale ; elle vit nettement où son complaisant
interlocuteur de la veille en voulait venir. Et carré-
ment elle refusa de se rendre à l'invitation.

C'est un procédé bien connu, que celui qui consiste à se refuser d'abord, à tenir la dragée haute, pour mieux céder et tomber ensuite, et permettre le classisique : « Qu'allez-vous penser de moi ? »

Une fois encore Napoléon, si brusque en amour, c'est-à-dire si naïf, toujours prêt à se laisser piper par la ruse féminine, fut la dupe de la rouerie subtile de la femme désirée.

Il lui écrivit donc. Il conjurait Mme Walewska de le venir voir le soir, entre dix et onze heures. Cette fois (et n'était-ce pas là le plan qu'elle s'était proposé ?) elle céda et vint au rendez-vous.

Comme un collégien à sa première aventure galante il se promenait à grands pas, « et témoignait autant d'impatience que d'émotion ; à chaque instant il demandait l'heure. » L'heure sonna, l'heure du berger, et Mme Walewska, conduite par Constant, « arriva émue et tremblante, » dit Mme de Rémusat.

L'Empereur l'accueillit avec transport et c'est probablement une réédition de la scène avec Mlle George à Saint-Cloud qu'il offrit à la belle Polonaise. Mais celle-ci n'avait rien de la tragédienne de la Comédie-Française, et elle se contenta de sangloter, et « de gémir de manière à me fendre le cœur », confesse le sensible Constant qui, ce soir-là, écoutait peut-être à la porte.

Cette première entrevue dura jusqu'à deux heures du matin. Un coup de sonnette impérieux appela Constant et il alla prendre Mme Walewska pour la conduire à la voiture qui l'attendait sous la neige de janvier. La belle Polonaise avait sans doute trouvé l'Empereur charmant et délicat, comme Mlle George aussi, car elle revint le lendemain. Elle revint tous les soirs. C'était la grande passion.

La bataille d'Eylau gagnée, l'Empereur établit, le 25 avril 1807, son quartier général au château de Finckenstein. Là, comme plus tard à Moscou, dans « l'aurore boréale allumée par l'incendie », il songe aux théâtres de Paris, et par un décret impérial les divise en grands théâtres et en théâtres secondaires.

Dans ce grand et sombre château de Finckenstein, Napoléon éprouve le besoin d'une tendresse. Il dépêche un courrier à Mme Walewska qui arrive aussitôt, sa berline brûlant les postes. Une vie presque familiale commence pour les amants, coupée par les chasses, les revues, les parades. A travers les persiennes closes de l'appartement, Mme Walewska regarde évoluer les grenadiers monumentaux de la Garde Impériale, les tambours-majors colossaux aux grands plumets oscillants, ces vieux guerriers d'Italie et d'Egypte devenus les grognards de l'Immortelle (1).

Cette vie dure trois semaines, brusquement terminée par la reprise des hostilités par les armées russes. Le 8 juin, l'Empereur établit son quartier à Deppen ; le

---

(1) La Garde Impériale composée de l'élite des soldats de la Grande Armée, jouissait de la faveur de n'entrer en bataille qu'à l'instant où il s'agissait d'enlever la victoire. Elle portait le dernier et suprême coup. De là une jalousie des autres corps d'armée qui déclaraient qu'on se faisait peu tuer dans la Garde et que les soldats de la dernière heure étaient *immortels*. Et le mot passa à la Garde entière.

19 il le transporte à Tilsitt, et entre ces deux dates se place la victoire de Friedland, le 14 juin.

Au milieu de ce grand bruit de la guerre et des fêtes, pendant les négociations de la paix qui le suivirent, la belle Polonaise fut quelque peu oubliée. Le vainqueur l'entraînait à sa suite comme une esclave, fruit de sa conquête, l'enveloppant dans l'énorme tourbillon frénétique des camps et d'une éternelle poursuite de la victoire.

Au lendemain de la bataille de Wagram, 6 juillet 1809, Napoléon s'établit au château de Schœnbrunn, dans ce même château où, vingt-trois ans plus tard, son fils, le roi de Rome, devait mourir. Mme Walewska l'y rejoignit, toujours empressée à satisfaire la brusquerie du désir et de la fringale amoureuse de Napoléon.

C'est là, dans ce mélancolique Schœnbrunn, gardant dans les glaces de ses salons la pâle image de Marie-Antoinette qui y dansa, que la belle Polonaise conçut un fils de l'Empereur.

Au château de Walewice, en Pologne, le 4 mai 1810, elle accoucha de celui qui, sous le second Empire, devenu comte Walewski, fut le président du Corps législatif.

Depuis un mois, Napoléon était marié avec Marie-Louise.

Repoussée par son mari, la belle Polonaise se hâte de quitter ce pays de gel et de neige, pour venir s'installer à Paris. Vers la fin de 1810, elle arrive et prend possession, rue de la Victoire, de l'hôtel que l'Empereur a fait acheter pour elle par Duroc.

Pendant les quatre années qu'elle y vivra, ce sera pour elle une belle existence de luxe, un éblouissement fastueux que nous révèlent les factures du couturier Leroy qui lui fournit des robes brodées de marguerites bleues et des redingotes de casimir bleu, dites « Jean de Paris ». C'est qu'à la blonde maîtresse, le bleu est un accompagnement naturel qui ne peut que rehausser l'éclat magnifique de son teint et le bel or vivant de sa chevelure. Elle a aussi des toques à la mode de Varsovie, en satin blanc et or, avec des torsades et des glands pleureurs, ou vestes de nacarat, une garde-robe princière enfin. Le 1er janvier 1814, à la réception des Tuileries, Mme Walewska fait sensation avec un grand habit de cour de tulle blanc à mailles fixes, doublé de satin garni de petites guirlandes de lilas sur un rouleau de satin. Mais cela, c'est le luxe extérieur destiné à montrer que la maîtresse est digne du maître. Le luxe intime, familier, ne le cède en rien au premier. Leroy fournit des peignoirs de levantine blanche à falbalas et on devine à quelles réceptions privées ils sont destinés. Ce sont de brèves, brusques, rapides visites, que Napoléon fait à celle qui lui a, après Eléonore Denuelle de la Plaigne, donné l'orgueil d'un fils. Cette sorte de visites a lassé jadis la Grassini qui, à ces « amours sans soin », a préféré la tendresse d'un violoneux. Mme Walewska, d'un tempérament moins passionné, moins ardent, plus aimante, se résigne à ce qui lui est donné. Mais, au matin du 20 mars, alors qu'au-dessus de Paris grondent cent et un coups de canons annonçant la naissance de Napoléon-François-Charles-Joseph, prince impérial et roi de Rome, sans doute pleure-t-elle, la pauvre comtesse solitaire dans son bel hôtel, en songeant à l'autre enfant, ce bâtard qu'elle a donné au trône. Mais, pour s'essuyer les yeux, elle a des mouchoirs de batiste brodée avec son chiffre couronné, qu'elle paye 1,152 francs la douzaine.

1814 les trempera d'autres larmes, ces beaux mouchoirs ! Napoléon est à l'île d'Elbe et Louis XVIII est remonté au trône dans ces Tuileries où plane encore la splendeur impériale mêlée à la majestueuse tristesse de la défaite. Alors un beau mouvement soulève le cœur de Mme Walewska. L'Empereur est là-bas dans la petite île, seul, abandonné de sa femme partie pour l'Autriche avec le roi de Rome devenu prince de Parme. La belle Polonaise médite d'aller consoler le père trahi et de lui mener l'enfant de Wagram, l'enfant de la victoire. Elle se met en route, traverse l'Italie, s'embarque, et arrive le 1er septembre en vue de Porto-Ferrajo, capitale de l'île. A dix heures du soir, par un admirable clair de lune, elle aborde, et le maréchal Bertrand l'accueille respectueusement au débarcadère. Une voiture attend sur la place Saint-Jean. Entourée de quelques officiers à cheval, la voiture se met en marche par la route conduisant à Mariana. A mi-chemin le cortège opère sa jonction avec celui de l'Empereur, monté sur un cheval blanc, escorté de cavaliers. Il descend de monture et entre dans la voiture. Le cortège continue sa route dans la nuit, par des chemins rudes, rocailleux et escarpés.

Peu à peu, ils deviennent impraticables et il faut mettre pied à terre, remonter à cheval, pour gagner la tente que l'Empereur a fait préparer comme résidence.

Les soldats remarquèrent alors que l'enfant de la dame était habillé à la polonaise. Il était âgé de quatre ans et déjà un peu grave.

Mme Walewska resta trois jours à l'île d'Elbe.

Quelles durent être les conversations de cette der-nière entrevue de la maîtresse des jours heureux et du grand vaincu ? Tous deux durent évoquer ce radieux souvenir d'autrefois, ces amours aux lendemains des batailles, ces étreintes alors que le râle d'Eylau et de Wagram se prolongeait encore sous l'horizon plein de fumées d'incendies. Une dernière fois, dans les bras l'un de l'autre, ils durent oublier la tourmente de leurs vies agitées, boire les dernières gorgées de cette âpre volupté condamnée maintenant à tout jamais.

Pendant son séjour à l'île d'Elbe, personne ne vit la belle Polonaise. Elle resta enfermée dans la tente. L'Empereur ne se montra que deux fois pour ordonner le prochain départ. Mme Mère, qui était arrivée dans l'île, le 2 août 1814, fut invitée à ne pas venir visiter son fils. Le barron H. Larrey dit qu'elle ne se montra pas, parce que sa dignité de mère se trouvait froissée. C'est peu possible ou c'était se montrer bien mauvaise mère que de reprocher à son fils, tombé du faîte des grandeurs humaines, la seule consolation de son exil, cette consolation que lui refusait Marie-Louise, adultère et libertine, qui, dans les bras d'un officier autrichien, le comte de Neipperg, se prostituait déjà. Il est plus admissible de croire que, pour cette suprême entrevue avec Mme Walewska, Napoléon voulait demeurer seul.

L'heure du départ arriva. Il fut déchirant pour la belle Polonaise. Le navire l'emmena vers Naples où elle devait remettre un message à Murat.

Sept mois plus tard, Napoléon débarquait au golfe Jouan, regagnait Paris et jouait sa dernière carte dans les champs funèbres de Mont-Saint-Jean.

En 1814, c'était l'île d'Elbe ; en 1815, ce fut Sainte-Hélène. Désormais tout était fini. Le verrou était tiré sur le prisonnier impérial et, peu à peu, lentement, s'éteignaient les dernières lueurs de l'Empire.

Mme Walewska comprit-elle que rien ne pouvait ramener Napoléon, qu'elle devait renoncer à tout espoir ?

Il est permis de le supposer, car, en 1816, elle épousa le comte Philippe-Antoine d'Ornano. Son mari était mort en 1815 ; son fils — le fils de Napoléon — mourut en 1868. C'était le dernier témoin du roman amoureux de la belle Polonaise.

X

LE MARI DE L'AUTRICHIENNE

Le 10 janvier 1810, prenant les eaux à Bade, l'archiduchesse Marie-Louise écrivait à une amie :

« Bade est comme Vienne et on ne parle que du divorce
de Napoléon. Je laisse parler tout le monde et ne m'en
inquiète pas du tout ; je plains seulement la pauvre princesse qu'il choisira, car je suis sûre que ce ne sera pas moi
qui deviendrai la victime de la politique. Les nouvellistes
de Bade nomment la fille du prince Maximilien de Saxe
et la princesse de Parme. »

Un an plus tard, cette *victime de la politique*
donnait un fils à Napoléon.

HEUREUX FRUIT D'UN AUGUSTE HYMEN.

L'accouchement de Marie-Louise.

Ce mariage fut le résultat de la victoire de Wagram.
L'Empereur d'Autriche était à la discrétion de Napoléon. La main de Marie-Louise fut la condition de
la paix offerte au vaincu. Et c'est ainsi que celle-ci, qui
se refusait à devenir la victime de la politique, le fut.
Le 9 mars 1810, Joséphine signait sa renonciation au
titre et à ses droits d'épouse de l'Empereur ; le 11 mars
Berthier, prince de Wagram, épousait à Vienne, au nom
de l'Empereur et par procuration, Marie-Louise ; le
13 mars, elle quittait Vienne ; le 22 mars elle arrivait à
Strasbourg, entrait dans le territoire français et partait
pour Compiègne où elle arrivait le 28 mars. L'Empereur
était allé au-devant d'elle et l'avait rejointe à Courcelles.

Cette première entrevue prouve de quels sentiments
Napoléon était animé à l'égard de cette Autrichienne
de dix-huit ans, rose, blonde, un peu lourde, et à qui
son séjour en France allait sembler le plus rude des
exils. Un protocole sévère, un cérémonial rigoureux
inspiré de celui qui était en usage au mariage des anciens rois de France, avait été rédigé. Un de ses articles
spécifiait que, du 28 mars, jour de l'arrivée de la future
impératrice à Compiègne, jusqu'au 1er avril, date de
la consécration du mariage civil, l'Empereur n'habi-
terait pas sous le même toit qu'elle. Il devait demeurer
à l'Hôtel de la Chancellerie tandis qu'elle logerait au
palais de Compiègne. On va voir le compte qu'en tint
Napoléon.

A peine la berline de l'Autrichienne est-elle signalée
à Courcelles, que l'Empereur saute de cheval, jette les

rênes à un page de service et se précipite vers la voiture.

L'écuyer ouvre la portière et crie :

— L'Empereur !

Il escalade le marche pied tandis que l'ahurissement, le plus profond émoi se peignent sur le visage de la fiancée. Mais c'est bien de cela que se soucie Napoléon ! Il embrasse Marie-Louise, la serre dans ses bras et crie au cocher :

— Au galop !

Cela ne ressemble-t-il pas à un enlèvement, ainsi qu'on en voit dans tous les romans d'aventures ? C'est un épisode sur lequel on a pu broder avec agrément. Une aventure de poste ? Soit, mais il n'en faut cependant pas faire une passade de houzard, et supposer que Napoléon ait pu se permettre d'excessives privautés, dans cette berline où deux dames de palais accompagnaient l'archiduchesse autrichienne. D'ailleurs, ce qui arriva le même soir nous démontre amplement que ce qui ne se passa pas dans la voiture eut lieu au palais.

Nous l'avons dit, ce palais ne devait pas être habité par Napoléon.

Arrivé à Compiègne à dix heures du soir, l'Empereur gagna la table du souper où il se plaça à côté de Marie-Louise. Son oncle, le cardinal Fesch, Joachim Murat, roi de Naples, et Caroline, assistaient au repas. C'est à ce repas qu'il masqua avec une ruse toute italienne ses batteries. On le vit continuellement se pencher vers celle qui allait devenir sa femme, lui parler à voix basse, et Murat, ce Lauzun de l'Empire qui s'y connaissait en aventures galantes, souriait d'un air entendu. A chacune des phrases de l'Empereur, Marie-Louise rougissait et baissait les yeux.

Brusquement, et comme pour la convaincre, élevant la la voix, Bonaparte dit au cardinal Fesch :

— N'est-il pas vrai, monsieur le cardinal, que nous sommes bien mariés ?

Fesch, grand mangeur, savant gastronome, gourmet averti dont plus tard la table et la cave furent célèbres à Rome, Fesch resta la fourchette en l'air, et répondit tranquillement :

— Oui, Sire, d'après les lois civiles.

Et il acheva l'aile de poularde entamée.

— Vous voyez bien ! dit l'Empereur, le regard brillant, un accent de triomphe dans la voix devenue joyeuse.

Fesch, sans s'en douter, venait de décider de la nuit de noces. L'Impératrice, le souper terminé, gagna ses appartements et l'Empereur se retira dans le sien. Où ? à l'Hôtel de la chancellerie ? Non, au Palais. Fesch ne lui avait-il pas donné raison ?

Il appela Constant, se laissa déshabiller et, nu, se frictionna d'eau de Cologne, se parfuma longuement, comme un petit-maître, lui, l'homme qui avait couché dans les rudes bivouacs de Moravie. Ainsi accommodé, vêtu seulement d'une robe de chambre, il se glissa par les couloirs obscurs et silencieux vers la chambre de l'Impératrice qui l'attendait, un peu peureuse et toute tremblante...

C'est ainsi que Napoléon tint compte du beau cérémonial gravement élaboré par les diplomates et les ministres plénipotentiaires des deux Empires.

Le lendemain, le valet de chambre Constant trouva l'Empereur tout gaillard. Tout en se laissant habiller, il s'informait auprès du domestique si on s'était aperçu de l'accroc qu'il avait fait au programme.

— Personne, sire, personne...

Mais déjà l'aventure réjouissait — oh ! très discrètement — la Cour et la Ville.

***

Plus tard, l'Empereur s'est exactement, mais trop tard, rendu compte de la faute commise par lui en s'alliant à la famille autrichienne. « Ma seule faute dans cette alliance, a-t-il avoué dans le *Mémorial de Sainte-Hélène*, a été vraiment d'y apporter un cœur trop bourgeois. » Bourgeois, en effet, voilà le mot. Il a voulu fonder une famille, connaître cette joie que Joséphine lui refusa toujours, et, pour ce faire, il a choisi cette Autrichienne qui le regarde comme un ennemi, l'ennemi de sa race, de son foyer, de sa patrie.

Qui reconnaîtrait l'abateur de trônes dans celui dont la femme confie au prince de Metternich, le ministre de son père : « Je n'ai pas peur de Napoléon, mais je commence à croire qu'il a peur de moi. » Ce n'est pas la peur, non, qui le met aux genoux de cette étrangère, c'est une sorte de dévotion qui se mêle à son orgueil de parvenu. « Si la France connaissait tout le mérite de cette femme, elle se prosternerait à ses ge-

noux », a-t-il dit. Non content d'être épris lui-même,
il veut faire participer la France, l'Empire entier à son
amour, à sa passion. Ne se souvient-il donc plus de
cette Marie-Antoinette venue, elle aussi, d'Autriche,

Autographe de Dubois, accoucheur de Marie-Louise.

pour régner sur la France et dont le destin terrible et
tragique est encore l'épouvantement des têtes cou-
ronnées ?

Il est pour sa femme si tendre, si affectionné, qu'elle-
même, quoique ennemie, finit par le reconnaître et
l'avouer. Ces aveux, c'est dans sa *Correspondance* qu'il

faut les chercher, et c'est sans peine aucune qu'on les
trouve. « Les moments que je passe le plus agréable-
ment sont ceux où je suis avec l'Empereur », écrit-elle.
Et encore : « Je ne puis être heureuse qu'auprès de lui. »
Enfin, quand les grandes ombres de la mort auront
enveloppé l'homme de Sainte-Hélène, elle lui rendra
cet hommage : « L'Empereur Napoléon, loin de me
maltraiter, comme tout le monde le croit, m'a toujours
témoigné tous les égards. » Mais il ne faut pas se
baser sur ces témoignages-là pour juger de la conduite
de Marie-Louise à l'égard de Napoléon. Il faut la voir
en présence des faits pour comprendre ses véritables
sentiments.

Que fait-elle, en 1814, quand le malheur s'abat sur
son mari, quand la défaite le touche de son funèbre
doigt ? Elle fuit en toute hâte, et, ainsi que le ferait un
caissier infidèle, elle emporte avec elle la caisse, c'est-à-
dire les diamants de la Couronne de France et le trésor
impérial. Elle est à Blois, loin de Napoléon, soucieuse
de ses toilettes et de ses colifichets oubliés dans la hâte
du départ. On annonce M. de Saint-Aulaire (1). Il entre
pâle, un peu hagard, porteur de la désastreuse nouvelle :
Napoléon n'est plus Empereur.

L'Impératrice est au lit, et, comme les couvertures
ont un peu glissé, ses pieds se sont découverts. Distrai-

(1) Neveu de l'évêque de Poitiers, M. de Beaupoil, comte de
Saint-Aulaire, fut tour à tour chambellan de Napoléon, préfet de
l'Empire, député sous la Restauration. Il ne prit aucune part
aux événements des Cent-Jours, si ce n'est pour demeurer pru-
demment dans l'expectative.

tement, elle écoute M. de Saint-Aulaire et ne prête que
peu d'attention aux mots hésitants qu'il prononce :

— Capitulation.... Fontainebleau... Abdication...
île d'Elbe...

Marie-Louise sourit :

— Ah ? vous regardez mon pied ? On m'a toujours
dit qu'il était joli !

C'est tout ! Oui, c'est tout ce que trouve à dire la
femme de Napoléon ! Que lui importe à elle l'adieu à
la vieille Garde en larmes dans la cour du château de
Fontainebleau, que lui importe le sort de son fils, de
ce pâle petit Roi de Rome qui, tapant du pied, criait à
sa gouvernante, Mme de Montesquiou : « Je veux aller
retrouver mon papa, moi ! », donnant ainsi par sa voix
enfantine la terrible leçon du devoir à sa mère ! Ah !
il lui importe peu, en vérité ! Au contraire, elle a hâte
de fuir, de quitter ce pays ennemi où elle n'a été que
l'otage du vainqueur de Wagram. En hâte, on attelle
berlines et voitures, on charge les bagages et tandis
que, sur la terre de France, résonne le pas des armées
de la Sainte-Alliance (1), elle court la poste, elle fuit,
fait halte à Gros-Bois et couche avec Neipperg.

(1) On désigne sous le nom de Sainte-Alliance, la coalition
européenne contre Napoléon, fomentée par l'Angleterre et
l'Autriche. Elle mit sur pied les armées alliées qui pénétrèrent
à Paris en 1814 et vainquirent l'Empereur à Waterloo en 1815.

Nous savons bien, mon Dieu, que cela n'est ni galant ni bien poétique, mais enfin c'est de l'histoire.

Matée par la rigoureuse étiquette imposée par Napoléon, toujours entourée de dames du palais ou de dames de compagnie, privée de voir seule des hommes, quels qu'ils fussent, Marie-Louise, de 1810 à 1814, n'eut pas l'occasion de donner dans le contrat du mariage impérial le coup de griffe de son ongle rose. Grâce à la discipline sévère, mais inutile, de l'Empereur, elle dut, pendant quatre ans, respecter la pourpre semée d'abeilles qui lui pesait aux épaules. La catastrophe de 1814 la libéra de l'étiquette et aussitôt elle tomba dans les bras du premier amant venu.

Ce fut M. le comte de Neipperg.

Assez lourd physiquement, d'épaules larges, il était de figure ordinaire, et très quelconque. « C'était un homme de bon ton, » a écrit de lui Chateaubriand ; cela signifie que ce fut la médiocrité honnête. Il n'avait de particulier qu'une chose : il était borgne.

Tel fut le premier amant de la femme de Napoléon.

Il faisait partie de l'escorte envoyée par l'Empereur

d'Autriche à sa fille, pour la ramener près de lui. Est-ce le bandeau noir que Neipperg portait qui donna le coup de foudre à Marie-Louise ? Sut-il être galant, empressé, entreprenant, audacieux même, auprès de cette Allemande bouffie et devenue grasse, à qui le malheur servait de prétexte pour être adultère ? Où simplement Neipperg eut-il la chance de se trouver sous la main de Marie-Louise à l'heure d'une fringale amoureuse, d'une bouffée de sexualité ardente lui faisant perdre la tête ? Peut-être l'un, peut-être l'autre, et peu importe en tous cas. Ce fut à Bade où, comme chevalier d'honneur de celle qui était maintenant la duchesse Maria-Luiga de Parme, il l'avait suivie, que la nouvelle de Waterloo vint les toucher. L'Impératrice put respirer. Elle emmena avec elle Neipperg et tous deux s'en allèrent régner sur le duché de Parme qui, avec la principauté de Guastalla, avait été accordée à l'archiduchesse.

Neipperg, succédant à l'Empereur dans le lit de la femme, prit goût à l'aventure et se mit dans la tête d'imiter son prédécesseur. Il construisait, plantait, ordonnait. Des routes sillonnèrent la principauté, on éleva des musées, et Parme et Plaisance payaient. Dans ce temps-là il faisait aussi des enfants à Marie-Louise devenue sa femme légitime. Trois petits Neipperg jouèrent sur les pelouses du palais impérial.

Tout cela dura un peu moins de quinze ans. En 1829, le comte de Neipperg décédait et le pays entier, avec Marie-Louise, fut en deuil. Les funérailles furent splendides et magnifiques, autrement belles que celles

qu'en 1821, Neipperg avait ordonnées pour le repos de
l'âme du « Sérénissime Napoléon ». C'est par cette
périphrase prudente qu'on désignait le mort de Sainte-
Hélène. On pleura en grande pompe sur M. de Neipperg ; mais les larmes sèchent vite au beau soleil
d'Italie, dans cette Parme pleine de la légère et pé-
nétrante odeur de ses parterres de violettes.

Comme Napoléon, le borgne fut oublié, et un troisième amateur s'en vint recueillir la succession et
goûter les charmes un peu fanés et la grâce, molle encore des dernières maternités, de cette souveraine de
comédie.

L'Autriche avait envoyé auprès de Marie-Louise
un ancien émigré demeuré l'ennemi de la France comme
tous ceux que la Convention nationale chassa du territoire de la République. C'était le comte Charles-René
de Bombelles. Pour Marie-Louise, toujours à l'affût
d'un frisson sinon nouveau, du moins presque quotidien,
il fut le bienvenu. Il avait sur feu Neipperg la supériorité d'avoir les yeux sains et saufs. La duchesse lui
abandonna les rênes du gouvernement et le pays n'eut
qu'un cri pour regretter le Borgne.

C'est que M. Charles de Bombelles, en même temps
que l'envoyé de l'Autriche, était le représentant et
l'agent des Jésuites. La Révolution de 1830 venait de
secouer la France et d'allumer dans l'Italie mille
foyers mal cachés d'une insurrection latente, soigneusement entretenue par les sociétés secrètes, et particulièrement par les carbonari. Le Roi de Rome, triste
aiglon prisonnier, vivait encore à Schœnbrunn, loin

de cette mère libertine, adultère, infidèle au grand Souvenir impérial. Vers le Fils de l'Homme, ainsi que les poètes l'appelaient, les regards des anciens grognards de 1809 et de 1811 se tournaient ; toute une jeunesse ardente considérait en lui le futur empereur, au-devant de qui se précipiterait le peuple de France, quand il apparaîtrait sur le pont de Strasbourg.

Ce mouvement révolutionnaire et bonapartiste avait sa répercussion en Italie comme en France, et quelques soulèvements dans Parme avaient prouvé l'organisation d'un mouvement secret.

M. de Bombelles, aussitôt arrivé, médita d'y couper court et ce fut d'une main de fer, sans gant de velours, qu'il mena la barque ducale. Grâce à lui Parme devint le lieu de rendez-vous des jésuites et des religieux de toute espèce. Dans cette petite Rome se préparaient les intrigues de la grande, et on comprend aisément que Neipperg, bon enfant fastueux à peu de frais, fut vivement regretté par le peuple.

Est-ce dans cet état d'esprit qu'il faut chercher l'origine de la légende qui veut que Marie-Louise soit morte empoisonnée en 1847 ? On ne sait, mais sans s'y arrêter davantage — car comment démêler la part de pure vérité de la légende alors qu'aucun document ne demeure ? — il convient de rappeler la chose.

Les conspirateurs auraient particulièrement visé le nouveau mari de Marie-Louise, celui qui était, à leurs yeux, le tyran Bombelles. Un des complices aurait glissé le poison — car le poison a toujours été, depuis les Borgia, de mode en Italie — dans la carafe d'eau sur le pupitre du ministre. Le chapelain de Marie-Louise, ayant longuement discuté avec le souverain, et pris de soif, se serait versé un verre de cette eau. Quelques heures après il décédait.

Marie-Louise ne devait pas tarder à le suivre. Dix jours après cette mort brusque et mystérieuse, elle prenait, par erreur, une préparation destinée à son mari. Elle eut le même sort que le chapelain, et deux fois, par miracle, au prix de deux vies humaines, M. de Bombelles échappait à la mort.

Voilà la légende devenue vite une croyance à Parme où elle est considérée, aujourd'hui encore, comme une chose certaine et indiscutable. Nous l'avons dit, il est difficile, pour ne pas dire impossible, de faire la part, en cette affaire, à la stricte vérité. Le même mystère plane sur cette mort que sur celle de Joséphine. N'y a-t-il pas là, pour le rêveur, un étrange rapprochement ?

Toutes deux ont trahi l'Empereur et toutes deux furent aimées par lui d'un fervent et total amour; toutes deux, mortes loin de lui, sont descendues au tombeau enveloppées du mystère et de la légende.

On explique la mort de Joséphine par un froid qu'elle aurait contracté en 1814, lors de la visite du czar Alexandre, le « magnanime Alexandre », à la Malmaison. On assure, d'autre part, que le décès de Marie-Louise serait dû à la même cause. S'étant promenée en voiture en décembre 1847, elle se serait sentie glacée et aurait pris le lit pour ne plus le quitter. Pour ces deux femmes, même mort naturelle, si on veut l'ad-mettre ; pour toutes deux, même mort tragique, si on ajoute foi à l'empoisonnement.

Il n'entre pas dans le cadre forcément restreint de notre récit, de nous arrêter davantage à ce problème historique. Cette rapide esquisse prétend à moins que cela. Elle aura, du moins nous osons le croire, montré une des curiosités du destin amoureux de Napoléon. Les femmes qu'il aima, qu'il haussa jusqu'à lui par le mariage, qu'il s'obstina à adorer malgré tout, ces femmes-là n'eurent d'autre souci que de lui être infi-dèles. Les seules qui s'attachèrent à lui, ce furent pré-cisément celles-là qui ne furent que le plaisir d'une nuit, l'agrément d'une heure voluptueuse. Celles-là il les rejeta à l'instant de sa lassitude. Coupable envers l'amour, il fut châtié par l'amour.

A Sainte-Hélène, jusqu'à son dernier souffle, il s'obstina à croire à l'amour, à la fidélité de sa « bonne Marie-Louise ». A la première page du testament de Longwood, il prononce son nom, et c'est comme le sanglot même de l'âme de l'Empereur : « J'ai toujours eu à me louer de ma très chère épouse Marie-Louise ; je lui conserve jusqu'au dernier moment les plus tendres sentiments. » Ah ! s'il avait su, le malheureux, en quels bras elle oubliait en ce moment-là la foi jurée devant le cardinal Fesch !

Toujours hanté par le souvenir de l'année radieuse de son mariage, de l'année qui marqua l'apogée de sa gloire, il écrit : « Je prie mes parents et amis de croire

tout ce que le docteur O'Meara (1) leur dira relative-
ment à la position où je me trouve et aux sentiments
que je conserve. S'il voit ma bonne Louise, je la prie de
permettre qu'il lui baise les mains. »

Fidèle à l'ordre donné par l'Empereur, O'Meara alla
en Italie, à Parme, porteur du message pour la « Bonne
Marie-Louise. » Ce soir-là, elle avait sans doute une con-
férence urgente avec Neipperg. Elle refusa de recevoir
le compagnon d'exil de Napoléon. Il insista ; elle refusa
encore, et comme il persistait, en se réclamant de la
mission donnée par l'Empereur, il fut presque expulsé
des Etats gouvernés par M. de Neipperg... Le père était
à Sainte-Hélène ; le fils était à Schœnbrunn. Elle oublia
l'un et négligea l'autre. L'orphelin demeura prisonnier
de la politique autrichienne, et son agonie commença
au milieu des étrangers. Sa mère n'était pas là. Il délirait
dans la nuit, tandis qu'autour du palais grondait un
furieux orage. Il criait : « Les chevaux... les chevaux... »
et s'abattait, une mousse rouge aux lèvres, parmi les
oreillers mouillés de la sueur de son agonie. Elle arriva
enfin, cette mère oublieuse, mais ce ne fut que pour
voir les prunelles du moribond s'ouvrir, se fermer aussitôt, tandis que la tête se penchait, touchée du doigt
décharné de la mort.

Quand le mince cadavre de l'Aiglon fut descendu
dans les caveaux impériaux de la cathédrale Saint-

---

(1) O'Meara, médecin anglais, qui soigna Napoléon à Sainte-
Hélène et sut mériter la reconnaissance et l'amitié du grand
Exilé.

Etienne, à Vienne, elle reprit sa berline, et retourna
à Parme achever les dernières années de sa vie infâme,
au milieu de ses bâtards et auprès de son dernier
amant,

Avec elle s'éteignit le dernier amour de l'Empereur
Napoléon-le-Grand.

LAVALETTE.

XII

UN FILS INCONNU DE NAPOLÉON

Par un mélancolique et triste jour d'octobre 1879, une singulière voiture de déménagement escaladait la pente raide de la rue Beaujon, à Pontoise.

Entre les ridelles de la charrette se heurtaient des meubles pauvres, médiocres, d'autres, somptueux, riches, attestant un luxe passé, une splendeur évanouie. A côté de la voiture marchait un homme assez grand, assez fort, au visage entièrement rasé, et dont le masque rappelait extraordinairement celui de Napoléon. Les rares habitants de cette triste rue Beaujon le regardaient passer avec une curiosité hostile et silencieuse.

Devant une ancienne ferme transformée en pavillon
et à laquelle donnait accès une porte charretière, la
voiture s'arrêta et le déchargement commença.

Ce ne fut pas long. On eut vite fait de rentrer les
meubles épars sur le trottoir, de fermer la porte charretière. Et la rue Beaujon retomba dans le sommeil de
sa paix provinciale.

*
* *

C'est ainsi que le comte Léon vint s'installer à Pontoise. Dans un précédent chapitre nous avons conté
sa naissance dans le petit hôtel de la rue Chantereine,
tandis que l'Empereur oubliait Eleonore Denuelle de
la Plaigne dans les bras de la comtesse Marie Walewska.
Jamais une vie ne fut plus frénétiquement agitée que
celle du comte Léon. L'Empereur, tout en se désinté-
ressant de l'amour de la mère, avait accueilli avec joie
ce premier fils accordé à sa tendresse paternelle. Revenu
à Paris, après Friedland, son premier soin fut de courir
à la rue Chantereine, embrasser le petit être vagissant
à qui la moitié de son nom allait peser si lourdement.
Cette joie, l'Empereur la manifesta en dotant son fils
de 30.000 francs de rente, tandis qu'Eléonore Denuelle
en recevait 22.000. Cela, nos lecteurs le savent, nous
l'avons écrit ; mais c'est plus tard dans sa vie, que nous
devons retrouver le comte Léon.

Il avait neuf ans à la chute de l'Empire. La famille
impériale se dispersait dans les pays d'exil ; l'enfant
se trouva seul avec sa mère, remariée au comte de

Luxbourg. Le testament de l'Empereur à Sainte-Hélène réglait définitivement, en 1821, alors qu'il avait quinze ans, sa situation de fortune.

L'Empereur lui laissait 72.000 francs de rente, et par l'article 37 de ses instructions secrètes, exprimait le vœu : « Je ne serais pas fâché que le petit Léon entrât dans la magistrature si cela était son goût. » « Ce ne fut point son goût, il n'en eut d'autre que la paresse, » dit M. Charles Nauroy, dans *Les Secrets des Bonaparte.*

C'est assurément porter un jugement trop sévère sur ce malheureux à qui un grand destin semblait promis. M. Paul Ginisty, dans le pathétique et émouvant récit qu'il nous a laissé des dernières années du comte Léon, exprime lui aussi cette opinion, qu'on ne saurait que partager. La Restauration ne l'avait pas enveloppé dans les proscriptions napoléoniennes, et il vivait au milieu de ces grognards, de ces fidèles des Aigles, qui n'attendaient qu'un signal pour aider au recommencement du retour de l'île d'Elbe. Et puis, le comte Léon n'avait-il pas dans ses veines le sang ardent du Corse, lui l'enfant conçu au lendemain du retour d'Austerlitz, comme le comte Walewski le fut au lendemain de Wagram ?

N'est-ce pas dans cela qu'il faut chercher l'explication de la jeunesse passionnée, orageuse, mouvementée du comte Léon ? Ce fut un grand duelliste, un grand joueur, ce que nous appellerions aujourd'hui un viveur, dépensant à tort et à travers, sans compter, se créant une réputation tapageuse, comme pris du besoin, de la folie *d'oublier*. Oublier, oui, le grand destin à jamais perdu pour lui, oublier le fils de quel homme il était, oublier le désastre où avait sombré la promesse de sa gloire. L'activité était chez lui très développée. Il la dépensait en procès, contre tous, contre sa mère, contre ses créanciers, contre la famille Walewski. Et chaque jour, un peu plus, son caractère s'aigrissait, et on comprend alors qu'il ait voulu tuer Napoléon III devenu empereur en n'étant que bâtard de Louis, roi de Hollande, tandis que lui était écarté du trône, lui, bâtard aussi, certes, mais bâtard de l'Empereur.

Le second Empire, tout en lui faisant de belles rentes, tint le comte Léon à l'écart, et ce fut dans cette situation de « parent dangereux et gênant » que les désastres de 1870 le trouvèrent.

La haine napoléonienne éclata et poursuivit le régime déchu jusque dans le comte Léon.

Il habitait à cette époque un hôtel de la rue Royale. Des commissaires de la Commune vinrent y opérer une perquisition et ne trouvèrent rien. Pour laisser des traces de leur passage ils saccagèrent l'appartement. Le comte Léon était à Londres, et c'est là que sa femme vint le rejoindre en 1871.

C'était une femme simple et modeste, encore étonnée, après plusieurs années de mariage, d'avoir épousé le fils de Napoléon, elle, Françoise Jonet, la fille d'un jardinier de son époux !

De ce mariage étaient nés quatre enfants : Charles, Gaston, Fernand et Charlotte. Cette dernière vint au monde alors que son père avait déjà dépassé la soixan-

taine. On voit que le fils de Napoléon avait conservé
quelque chose de l'ardeur corse de son père.

Pendant deux ans la famille vécut en Angleterre de
la pension accordée par l'empereur déchu, mais des
mésintelligences ne tardèrent pas à prendre un caractère aigu entre les deux cousins, et le comte Léon
regagna la France. Alors une vie errante commença
pour lui, de Toulouse à Bordeaux, de Bordeaux à
Tours, et qui se termina enfin par ce déménagement
mélancolique que nous avons suivi dans la rue Beaujon
à Pontoise. Il est encore à Tarbes, un vieillard de quatre-
vingt-six ans, qui connut à Bordeaux le comte Léon,
et lui servit de secrétaire. Grâce à lui nous possédons
quelques renseignements peu connus et curieux sur
cette épave du grand naufrage impérial.

« Je puis déclarer, écrit-il, que malgré le caractère em-
porté qu'on lui prêtait, il n'a jamais cessé d'être digne.
Physiquement, il ressemblait à son père, et l'on assurait
que Madame Mère (1), devenue aveugle, aimait à passer
ses mains sur son visage dont les traits lui rappelaient
son glorieux fils.

Je ne pense pas que le comte Léon fut destiné à entrer
dans la magistrature. Le cardinal Fesch avait voulu qu'il
entrât dans les ordres, ce qui était contraire à son tempérament.

(1) Après Waterloo, la mère de Napoléon s'était retirée à
Rome. Elle ressentit les premières atteintes de la cécité en 1831,
et devint complètement aveugle en 1832, l'année de la mort de
son petit-fils le roi de Rome. Elle mourut à Rome dans la soirée
du 2 février 1836, léguant son cœur à la ville d'Ajaccio.

Le comte Léon recevait trimestriellement de la maison
Baring frères, de Londres, la somme de 12.000 fr. par an,
qui était le produit d'un majorat (1), et je suis surpris
qu'il n'ait pas légué à ses enfants le capital de cette somme.
Car, du temps de la gestion du baron de Meneval, l'Empereur avait légué quelques domaines à son fils.

A Pontoise ce fut une lamentable vie de misères. Un
à un les meubles furent vendus et les portraits de Napoléon qui ornaient le triste logis s'en allèrent à leur tour.
De longues heures le comte Léon demeurait immobile
et silencieux dans un fauteuil, et on imagine aisément
les pensées de ce cerveau toujours éveillé. Un de ses fils
était employé à la Compagnie de l'Ouest, un autre
devenait placier en vins dans le Midi. Sa femme faisait
des ménages; c'était la lamentable pauvreté, la dé-
chéance, la ruine, qui refusait au fils de l'Empereur
le sou de tabac quotidien. Et M. Ginisty a cité cette
pitoyable anecdote : il y avait dans la maison voisine
de celle qu'il habitait un menuisier nommé Havard.
Ce menuisier avait une servante à son service. Un
matin, le comte Léon vint la trouver.

— Tenez, lui dit-il, presque en suppliant, bien qu'il
fît mine de parler sur un ton enjoué, voulez-vous faire
un marché ?

— Lequel, monsieur Léon ?

_____

(1) Les majorats institués par Napoléon étaient des im-
meubles ou des propriétés inaliénables, attachés aux titres de
noblesse et qui se transmettaient aux fils aînés avec le titre.
Les majorats aujourd'hui encore reçoivent leur exécution dans
les familles dotées par le premier Empire.

— Je vous donne ce couteau pour un sou de tabac.

La femme comprit, prit le couteau et rapporta au pauvre homme deux sous de tabac.

Il avait d'ailleurs honte de sa misère et étant un jour descendu chez un de ses voisins, vêtu d'un paletot usé, il s'aperçut que sa chemise effiloquée, en loques, était à peine dissimulée. Il se cacha le cou avec les mains et dit à son interlocuteur :

— Je ne suis venu qu'en voisin.

Son agonie fut lamentable. Autour de lui il voyait cette misère, ce lugubre logis sans pain, vide, sinistre, et il songeait à ces Tuileries de son père, à ce petit hôtel de la rue Chantereine, au luxe qui avait entouré sa jeunesse. Il mourut en pleine conscience, le 14 avril 1881, succombant à une maladie d'intestins.

C'était le dernier des fils de Napoléon qui s'en allait. L'ironie du sort le poursuivit jusque dans son acte de décès qui fut rédigé ainsi :

« *Acte de décès du sieur Le Comte (Léon), âgé de soixante-quinze ans passés, né à Paris le 13 avril 1806, rentier.* »

Il était né le 13 décembre et non le 13 avril, et quant à sa qualité de rentier, le lecteur vient de voir ce qu'il faut en penser.

Outre ses trois fils, il laissait une fille, Mlle Charlotte Léon. Grâce à un travail laborieux elle échappa à la misère où la mort du père plongeait la famille. Elle obtint un poste d'institutrice à l'école communale des filles de Boghari, dans le département d'Alger. Son sort s'améliora, — s'améliora ! Elle obtint son changement

de résidence et alla s'établir à Vitz-Villeroy, dans la
Somme, avec des appointements mensuels de 90 fr.
Aujourd'hui, après avoir épousé M. Mesnard, elle pro-
fesse à l'école de Bry-sur-Marne. Là s'achève le destin
de la petite-fille de l'Empereur.

Sa mère n'avait qu'un espoir : obtenir un bureau de
tabac. Elle mourut en 1901 — sans l'avoir reçu.

*
* *

Et c'est là l'épilogue de la radieuse épopée d'amour
de l'Empereur des Français.

Dédié aux élèves de la Patrie.
Petite gravure populaire sur le
roi de Rome.

APPENDICE

QUELQUES DOCUMENTS CURIEUX ET INCONNUS

Les documents que nous donnons ici se rapportent à quelques-uns des faits qui se trouvent contés dans ce volume. Ils y apportent, — du moins nous le pensons, — une contribution curieuse et piquante, éclairant quelques dessous de cette histoire qui est demeurée si longtemps obscure à la manière d'un secret d'Etat. Nous les empruntons à des ouvrages devenus rares et où ils se trouvent dispersés parmi des pièces d'un intérêt incontestable sans doute, mais sans importance pour le sujet que nous avons voulu traiter.

I

MLLE GEORGE, MAÎTRESSE D'UN CHEF DE CLAQUE.

Le rapport de police que voici n'a presque pas besoin de commentaires. Outre qu'il nous montre ce qu'étaient la claque et les claqueurs sous l'Empire, il apporte sur Mlle George un document du domaine intime qui, récemment découvert aux Archives Nationales, mérite de ne pas être négligé. Malgré sa longueur il nous le faut donner dans son entier, car les coins pittoresques relatifs à d'autres actrices n'y manquent pas.

EXTRAIT D'UN RAPPORT DE M. LE CONSEILLER D'ETAT,
PRÉFET DE POLICE, EN DATE DU 20 MARS 1809.

Depuis quelque temps les représentations des pièces
nouvelles sur les différents théâtres de la capitale
étaient troublées par des sifflets ou soutenues par des
applaudissements prolongés presque aussi incommodes
que ces marques bruyantes d'improbation. Si la pièce
était bonne et qu'un parti voulût la faire tomber,
une lutte s'établissait bientôt entre les cabaleurs et
le parterre, où ces hommes turbulents avaient soin
eux-mêmes de se placer, et le public et l'auteur en
souffraient plus ou moins.

Si, au contraire, ce qui arrivait le plus souvent,
elle était mauvaise et qu'il fût question de la soutenir,
c'était alors le public seul qui avait à souffrir. Les
personnes les plus tranquilles perdaient toute patience
et sifflaient une pièce qui, sans cet enthousiasme des
amis de l'auteur, serait tombée sans bruit.

La surveillance de la Police avait cependant main-
tenu le bon ordre dans les différents théâtres, mais
les excès auxquels on s'est porté dans le parterre de
l'Odéon, aux premières représentations de *Christophe
Colomb*, ont forcé d'avoir recours à d'autres mesures
que celles d'une simple surveillance contre ces asso-
ciations connues sous le nom de cabales, qu'on peut
appeler la bande noire des Théâtres, comme il y a la
bande noire des adjudications.

On a su qu'aux premières représentations de cette
pièce, il n'avait pas été distribué moins de cent
billets. Ces billets donnés la veille par le sieur Duma-
niaut, attaché à la Direction de l'Odéon, étaient

ensuite distribués par les chefs des cabales à des hommes bien disciplinés que l'on faisait entrer par la porte de derrière avant l'ouverture des bureaux et qui ne manquaient pas de répondre à l'attente de ceux qui les employaient.

C'est aussi ce qui se pratiquait dans les autres théâtres.

Pour arrêter le cours de ces désordres, il fallait connaître et saisir les chefs de ces cabales et c'est ce qui a été fait.

Pierre-Nicolas-Michel LEBLOND, âgé de 31 ans, natif de Goderville, département de la Seine-Inférieure, coiffeur, demeurant rue Saint-Honoré, n° 278, et le plus recherché comme le plus redouté des cabaleurs, a donné sur cette nouvelle branche d'industrie les détails suivants :

Il avait, *sous ses ordres*, environ 40 personnes parmi lesquelles on remarque un graveur nommé Fechot, le sieur Hubchecorne, apothicaire, trois ouvriers de Michalou, coiffeur, le domestique de Millon, maître des ballets à l'Académie Impériale de Musique et de Danse, et le nommé Moreau, employé aux Douanes.

Les auteurs qui avaient recours à Leblond pour se faire applaudir sont en assez grand nombre ; parmi ceux-ci figurent : MM. Joui, auteur de *la Vestale*, Riboutté, Dupatty, Bouilly, Chazet, Saint-Just, Saint-Cyr, Moreau, Lafortette, Schwérin, etc., etc.

Les compositeurs de musique emploient la même ressource ; tels sont MM. Villebranche, auteur de la musique de *Nègre par Amour* et neveu de M. Rémusat, Nicolo, Sollier, Bouton, Castelle, Dalayrac, Grétry, Michel, Gaveaux et Champein.

Enfin les acteurs et actrices non moins avides de

succès, distribuent aussi des billets au chef des caba-léurs Leblond. Presque tous sont sur la liste. On y voit MM. Talma, Lafond, Desprez ; les Dlles Emilie Levert, Bourgoin, George, Duchesnois Mézeray, Volnay, du Théâtre-Français. Pour le chant, à l'Opéra : Lainez, Nourrit, Laforêt, Albert, et Mlle Ferrières ; pour la danse, Vestris Saint-Amand, Beaupré, Millon, les Dlles Bigotini et Millière ; au théâtre Feydeau, Elleviou, Martin Gavaudan, Huet, Paul, Gaveaux, Sollier, qui reparait comme acteur, et les Dlles Rolan-deau, Belmont, Richardi et Regnault ; enfin la dame Mosca, de l'Opéra Buffa.

La taxe ordinaire des auteurs ou compositeurs de musique était de 30 à 40 billets pour chacune des 3 premières représentations de leurs pièces ; ils en donnaient 20 pour les autres.

Les acteurs et actrices en donnaient convenable-ment et suivant l'occasion.

Leblond recevait en outre des bijoux, de l'argent et même des pensions.

Dupaty lui faisait une *pension d'un louis par mois* pour faire applaudir Mme Be'mont. Il lui a donné dix louis pour soutenir sa pièce de *Mademoiselle de Guise*, deux louis pour son *Hussard noir* et un louis pour *Ninon*.

Le succès de l'*Assemblée de famille* a été assuré par 25 louis que M. Riboutté a donnés à Leblond. Cette pièce a coûté à l'auteur 15 louis de plus offerts au sieur Ledoux, autre chef de cabale, et acceptés par lui. Ce Ledoux a, comme Leblond, 50 hommes toujours prêts pour ces sortes d'affaires.

M. Bouilly a payé un louis pour sa pièce de *Cima-rosa*. Il en a donné deux pour celle de *Françoise de Foix*.

M. Saint-Just, auteur du *Nègre par amour* s'est con-
tenté de promettre 3 louis.

Pour faire valoir sa pièce de *Lina*, M. Saint-Cyr a
donné deux cents francs ; il y avait en outre pour le
chef de la cabale 12 fr. par représentation.

MM. les compositeurs de musique étaient moins
généreux. M. Nicolo, auteur de la musique de *Cinra-
rosa*, n'a donné qu'un louis pour soutenir cette pièce.

Gavaux ne donnait que 6 francs lorsqu'on jouait
les siennes.

Sollier promettait et ne donnait rien.

Les autres ne contribuaient que de leurs billets,
mais cette manière de payer les services de Leblond
ne lui était pas moins avantageuse, car de 40 billets
qu'il recevait il en vendait la moitié au rabais.

M. Méhul avait proposé de s'entendre avec les
auteurs pour que l'on fit chez un notaire le dépôt
d'une somme qui aurait servi à lui faire une pension.
Leblond regrette que ce projet n'ait point été exécuté.

Dans les détails qu'il a donnés des peines qu'il prenait pour faire applaudir les acteurs et de ses récom-
penses, il a dit que Mlle George qui avait eu besoin
de ses services lui avait fait cadeau d'une épingle à
diamant et de quelques louis : il a ajouté à ces faits
des détails dégoûtants où Martini joue aussi un rôle.

Ce chef de cabaleurs était au surplus très reconnais-
sant des bontés de Mlle Georges, car à sa sollicitation,
il est convenu de bonne foi que toute sa cabale a été
dirigée, par trois fois différentes, contre Mlle Duchesnois aux représentations *d'Athalie*.

Il est vrai que, dans d'autres circonstances, il faisait
applaudir cette même actrice pour ses billets. M.
Chazet, à cet égard, démontre dans une lettre qu'il

écrivait à son « cher Leblond » après le départ de Mlle George que le seul motif, qui pouvait l'empêcher d'appuyer Mlle Duchesnois n'existant plus, il ne pouvait se refuser à la servir. Il lui annonce en même temps et en lui faisant mille compliments, qu'on lui donnera le nombre de billets convenables.

Mlle Emilie Levert savait aussi récompenser le talent de Leblond ; elle lui donnait 6 louis pour ses débuts et n'était pas plus réservée avec lui que Mlle George. Elle lui a fait présent aussi d'une chaîne de montre en or, et tous les gens de ce chef des succès étaient à son service.

Une montre d'or a valu à Mlle Bourgoin le même avantage.

Martin et Elleviou faisaient chacun une rente d'un louis par mois à Leblond.

Mme Belmont le payait par les mains de M. Dupaty.

M. Richardy ne donne pas moins de 60 francs par mois.

Les applaudissements donnés, à l'Opéra, à Nourrit chaque fois qu'il parait sont fixés à 4 fr. ; ceux donnés à Mme Ferrières et à Mlle Bigotini coûtent 12 à 15 fr. et Mlle Mosca a aussi payé 12 francs chaque fois qu'elle a chanté à l'Opéra Buffa.

Tels étaient les revenus de Leblond.

Le jour de la première représentation de *Christophe Colomb*, on lui avait demandé 20 jeunes gens pour soutenir la pièce, mais il était employé avec tout son monde à Feydeau, où l'on donnait *Françoise de Foix*, et il fut obligé de refuser. Son confrère Darrieux, dont il sera bientôt question, resta chargé des fatigues de cette soirée à l'Odéon.

Claude LEDOUX, âgé de 62 ans, natif de Versailles,

ancien comédien, demeurant rue du Coq, n° 4, autre
chef de cabale, employait, comme on l'a dit plus haut,
40 à 50 personnes.

On voit figurer parmi celles-ci les sieurs Dalberg,
Coupan, Loignon et Loubé, marchands au Palais-
Royal et un sieur Maurice, employé à la Trésorerie
et marchand de vins.

MM. Lehoc, Riboutté, Delrieux, Luce de Lancival,
Francis, Désaugiers, Rougemont et Demersan s'adres-
saient ordinairement à lui pour le succès des pièces
qu'ils donnaient, les premiers aux Français et les
autres aux théâtres du Vaudeville et des Variétés.

C'est à Ledoux que M. Riboutté a donné 15 louis
pour seconder Leblond lors de la représentation de
la pièce de l'*Assemblée de famille*.

Damas avait promis un cadeau de la part de
M. Luce de Lancival. Quant aux autres ils donnaient
seulement les dîners et les 40 billets d'usage.

MM. Saint-Phal, Desprès et Dazincourt, Mmes Volnais,
Emilie Contat et Desbrosses sont aussi sur la
liste. Il a reçu de ces dernières une redingote, des
bas, des gilets, des mouchoirs et habituellement les
billets qu'il recevait des autres, et même de Franconi,
lui valaient en échange des dîners, des souliers, des
perruques et beaucoup d'autres choses dont il aurait
manqué sans cet expédient.

250 francs, que Mlle Emilie Contat lui a donnés
depuis peu, ont payé son loyer et il recevait encore
de temps en temps quelques louis de Mme Molé,
actrice de l'Odéon.

Il s'est trouvé à ce théâtre avec trois des siens à la
première représentation de *Christophe Colomb*.

Dominique DARRIEUX, âgé de 47 ans, natif de Vic,

département des Hautes-Pyrénées, demeurant rue Chabanais n° 5, déjà arrêté en l'an XIII parce qu'il vendait à la porte des spectacles des billets que lui donnaient les auteurs et les acteurs qu'il faisait applau-dir, a été puni à cette époque d'un mois de prison à la Force.

Il est encore au nombre des chefs de cabales au-jourd'hui et c'est lui qui a distribué les cent billets donnés par M. Dumaniant à la première représentation de *Christophe Colomb*.

Il peut compter, dit-il, sur 20 jeunes . gens, parmi lesquels plusieurs élèves en chirurgie et en pharmacie, et quand il a plus de billets, il donne aux personnes qu'il croit disposées à remplir ses vues.

C'est particulièrement les acteurs de l'Odéon qu'il soutient, tels que Dugrand, Closet, Perroud, les Dmes Molé, Delille, Adeline Régnier et Molière.

Vigny et Mlle Emilie Levert, actuellement attachés au Théâtre - Français, lui ont cependant demandé son secours et il le leur a donné.

Il reçoit de tous des billets comme les autres et il les vend comme eux.

Joseph-Jean-Baptiste LEBRUN âgé de 40 ans, natif de Tournay. département de Jemmapes, écrivain, demeurant rue de Richelieu, n° 50, n'a que 12 per-sonnes sous ses ordres (ce sont les expressions dont se servent ces messieurs), mais cela lui suffit. Avec les billets qu'on lui donne, il paye son loyer. son tailleur et tous ses fournisseurs et il en vend encore une partie à moitié prix.

Lebrun et un nommé Molineuf, employé dans les jeux. avaient tous les billets de M. Gardel.

MM. Esmenard et Jouy, M. Debrieux, auteur

d'Artaxerxès, MM Kreutzer, premier violon de l'Opéra et Perruis, premier maître de chant, comptaient sur Lebrun lorsqu'on donnait quelques-unes de leurs pièces.

Il était aussi employé par M. Francony.

C'est M. Kreutzer qui lui a fait cadeau de la redingote qu'il porte.

M. Debrieux ne lui a donné que des repas. La femme de cet auteur lui a fait présent d'un gilet.

Il compte sur M. Esmenard qui, dit-il, lui a promis de lui donner une gratification de cent écus de la part du ministre de la Police Générale attendu que l'on est content de lui.

Stanislas GAL, âgé de 24 ans, natif de Versailles, élève dentiste, rue de la Convention, nº 10, a 10 ou 13 hommes sûrs à sa disposition pour former ses cabales.

Il compte parmi eux les sieurs Duchemin, employé à la Guerre, Auguste, employé à l'hospice Beaujon, Macquet, contrôleur de Tivoli, Fischot, graveur et Moulineuf, employé dans les jeux.

C'est ce dernier dont il est question plus haut et auquel M. Gardel donne une partie de ses billets.

C'est à l'aide de ces cabaleurs subalternes que Stanislas Gal cherche à remplir le but des auteurs qui ont confiance en lui, tels que MM. Francis, Lafortette, Moreau et Désaugiers.

Jean-Emmanuel CHAMONIN âgé de 50 ans, né à Paris, demeurant rue du Faubourg-du-Temple nº 12, est particulièrement employé au théâtre de la Gaîté, par MM. Pixerecourt, Frédéric et Dubois. Il dispose d'environ 12 hommes pour faire réussir les pièces et applaudir les acteurs.

Enfin *Charlemagne-Stanislas* DELERUE D'AUBER-CIBOURT, âgé de 27 ans, natif de Paris, commis-marchand, demeurant chez M. Pluchet, au Palais-Royal, n° 166, est aussi sur les rangs comme chef de cabale, mais il n'est pas d'aussi bonne foi que les autres et il convient seulement qu'on lui a donné quelquefois des billets pour applaudir.

Les moyens employés par ces chefs de cabales étant à présent bien connus, les auteurs et les acteurs ne pourront plus en profiter que difficilement et la liberté des suffrages se rétablira dans les théâtres (1).

II

NAPOLÉON AMOUREUX JUGÉ PAR UN PAMPHLÉTAIRE

Au cours de ce volume, sans y insister, nous avons signalé quelques-unes des accusations des pamphlétaires contre Napoléon, en matière amoureuse. De la violence de ces attaques, le fragment suivant donnera à peu près le ton, et c'est à titre de curiosité qu'il le faut citer. Il a pour auteur le juif Goldsmith, espion expulsé de France, qui, chez certains auteurs, passe pour une autorité. Cette autorité donne la mesure de la valeur de ceux qui y font appel.

On a prétendu que ce grand Homme d'Etat, ce grand Capitaine, ce grand Philosophe était ennemi

---

(1) Ce curieux document a été publié récemment dans l'*Intermédiaire des Chercheurs et des Curieux*, n° 1203, 20 novembre 1908.

de la débauche, exempt même des faiblesses qu'on peut reprocher à quelques grands hommes.

Il a deux goûts qui se trouvent rarement réunis dans le même homme ; il est dissolu avec les femmes, et il s'est montré adonné au vice dont on a faussement accusé Socrate. Son archi-chancelier Cambacérès le seconde merveilleusement dans ce penchant honteux. Je ne serais pas étonné que pour imiter Néron en tout, il n'épousât un jour un de ses pages et un de ses mamelouks. Sans respect pour la décence, l'inceste même ne lui paraît pas devoir être déguisé ; il a vécu publiquement avec ses deux sœurs, Mmes Murat et Borghèse ; la première s'en vantait à tout le monde. On sait assez que Mme Louis Buonaparté, fille de Joséphine (1), étant devenue grosse de Napoléon, celui-ci força son frère à l'épouser ; il n'est pas moins certain que ce même Napoléon est le père d'un autre enfant dont la même dame accoucha il y a environ dix-huit mois.

Son salon ressemble à un sérail ; au signal donné, la victime doit le suivre. Il y a cinq ou six ans qu'il distingua Mme Duchâtel, femme d'un de ses Conseillers d'Etat. Il la fit Dame d'Honneur de Joséphine. Mme Duchâtel passa une nuit aux Tuileries avec Buonaparté. Les amants se querellèrent le lendemain matin ; Buonaparté la mit dehors de son appartement en chemise, et lui jeta ses hardes devant tous les aides de camp, les valets, les sentinelles. Il n'y a pas un enfant de Paris qui ne sache cette anecdote, et ce qui suivit. Quelques jours après cette aventure,

---

(1) Hortense de Beauharnais épousa un frère de Napoléon, Louis, qui devint roi de Hollande.

Mlle Tascher, nièce de l'Impératrice Joséphine, épousa le stupide Prince héréditaire de Baden ; il y eut bal à la Cour à l'occasion du mariage de cette jeune personne créée Princesse Stéphanie, par Napoléon Buonaparté, qui avoit exercé le Droit du Seigneur.

Mme Duchâtel ne paroissant pas au bal, Buonaparté alla à M. Duchâtel et lui dit d'aller chercher sa femme. Il fallut obéir, et Mme Duchâtel parut au bal au grand étonnement de tous les spectateurs qui savoient son aventure.

Une Irlandaise, Madame G—b—t (Guillebeau), veuve d'un banquier qui avoit fait faillite, avoit une fille fort belle. Buonaparté la vit, et bientôt Joséphine la nomma sa lectrice. Mademoiselle G. accompagna la famille impériale à Baïonne, quand Buonaparté y alla pour y attirer la Famille Royale d'Espagne. Du moment que le monstre eut assouvi ses désirs, il renvoya sa victime à Paris, sans un écu.

Cet assassin voluptueux a établi à Ecouen, près de Paris, un séminaire de jeunes personnes sous la direction de Mme Campan, qui tenoit une pension à St-Germain ; la même Mme Campan qui a été femme de chambre de la Reine (Marie-Antoinette), et qui s'est chargée d'élever pour Buonaparté les orphelines de la Légion d'Honneur.

. . . .
. . . .

Jamais créature humaine n'a réuni en soi autant de cruauté, de tyrannie, de pétulance, de luxure, de sale débauche, d'avarice, que ce Napoléon Buonaparté. La nature n'avoit pas encore produit un être aussi effroyable.

Tous les amis du Genre Humain apprendront avec plaisir que ce fléau du monde est épileptique ; qu'il a des écrouelles qui proviennent d'une gale rentrée.

> *Histoire secrète du cabinet de Napoléon Buona-parté et de la cour de Saint-Cloud*, par Lewis Goldsmith, notaire, ex-interprète près les cours de Justice et le Conseil des Prises de Paris ; troisième édition, 1er juillet 1814 ; à Londres, de l'Imprimerie de
> T. Harper Le Jeune, Crane Court, Fleet Street, à Paris, chez les marchands de nouveautés 1814 ; pp. 71, 72.

L'exemplaire que nous possédons, porte d'une écriture de l'époque, sur ses feuilles de garde :

‹ Fragment d'un poème épique inédit à l'honneur de Buonaparte :

> Je chante ce héros, dont la haute fortune
> Ayant conquis le monde, ira prendre la Lune ;
> Qui, plus tard, s'élançant par delà Syrius,
> S'élèvera si haut, qu'on ne le verra plus !

III

ACTES DE NAISSANCE ET DE DÉCÈS DU COMTE LÉON

Dans un livre devenu aujourd'hui presque introuvable, M. Charles Nauroy, sous le titre *Les Secrets des Bonaparte* (Paris, 1889), a réuni un certain nombre de pièces d'état-civil concernant la famille Bonaparte. Ces pièces sont toutes relatives à des événements peu connus. Nous en extrayons les deux documents suivants. L'original du premier a été brûlé dans l'incendie de l'Hôtel de Ville, pendant la Commune.

VILLE DE PARIS, 2ᵉ MAIRIE. ETAT CIVIL.
DENUEL (*reg. nᵒ* 28-216)

Extrait du registre des actes de naissance de l'an 1806.

Du lundi 15 décembre 1806, acte de naissance de
Léon, du sexe masculin, né le 13 de ce mois, à deux
heures du matin, rue de la Victoire, nᵒ 29, division du
Mont-Blanc, fils de demoiselle Éléonore Denuel, rentière, âgée de vingt ans *et de père absent.* Les témoins
ont été MM. Jacques-René-Marie Aymé, officier tréso-
rier de la Légion d'honneur, demeurant rue Saint-
Georges, nᵒ 24 ; et Guillaume Andral, docteur en
médecine et médecin de l'Hôtel des Invalides, y demeurant ; sur la réquisition de M. Pierre Marchais,
accoucheur, demeurant rue des Fossés-Saint-Germain-
l'Auxerrois, nᵒ 29, lequel a signé avec les témoins
sus nommés et avec nous Louis Picard, adjoint au
maire, qui avons dressé le présent acte de naissance
après lecture faite.

MARCHAIS, AYMÉ, ANDRAL, PICARD.

Délivré par nous, maire, conforme à l'original, le
16 novembre 1815.

BOILEAU.

Vu au secrétariat :
MAURICEAU.

* * *

Extrait du registre de l'état civil de Pontoise

Du quinze avril mil huit cent quatre-vingt et un, à une heure de relevée. Acte de décès du sieur Le Comte (Léon), âgé de soixante-quinze ans passés, né à Paris le 13 décembre mil huit cent six, rentier, demeurant à Pontoise, rue de Beaujon, n° 4, décédé à son domicile le jour d'hier, à dix heures du matin, époux de dame Françoise Jonet, rentière, âgée de quarante-cinq ans, demeurant susdite rue de Beaujon, mariés à Paris. Leurs témoins ont été M. Gaston Léon Le Comte, âgé de vingt-trois ans, employé, demeurant à Paris, rue du Quatre-Septembre, fils du défunt, et M. Joseph Fleury, âgé de quarante-huit ans, propriétaire, demeurant à Vallangoujard (Seine-et-Oise), lesquels ont signé avec nous, maire de la ville de Pontoise, officier de l'état civil, après lecture faite et le décès constaté par nous soussigné.

GASTON LÉON,   FLEURY,   RICHOMME.

IV

COMMENT ON FAIT RACONTER A NAPOLÉON SES AMOURS AVEC LA DUCHESSE DE ROVIGO

Napoléon tombé, les pamphlets s'emparèrent de ce grand nom, et leur mesure, celui que nous avons cité de Lewis Goldsmith la montre tristement. Celui dont nous donnons le fragment suivant est dû à sieur Doris de Bourges, et parut, en 1815, en deux tomes, formant 548 pages. On y déclarait intrépidement que, durant son séjour à l'Ile d'Elbe, l'empereur avait rédigé les mémoires de sa vie amoureuse, et que lui-même, en cas de défaite, en avait exigé l'impression. Cette assurance, nous ne ferons pas à nos lecteurs l'injure de la discuter. Qui voudrait la réfuter, n'aurait qu'à citer une page quelconque, in extenso.

Une foule de femmes charmantes ont, pendant six ans, passé dans mes bras. Les unes ont volé au-devant de mes désirs ; les autres se sont fait acheter. Celles-ci, naturellement vertueuses, n'ont cédé que lorsqu'elles ne pouvaient plus se défendre sans compromettre leurs intérêts et le repos de leurs familles. Quelques-unes enfin ont été surprises. Celui-là serait bien vulgaire qui me ferait un crime des moyens un peu forcés dont je me suis servi pour satisfaire un besoin physique imposé par la nature. Il oublierait qu'entre les autres hommes et moi, j'avais mis les distances de l'infini. Le monarque, qui disposait alors de la moitié du monde, pouvait bien se donner à son gré quelques femmes, dont les trois quarts trouvèrent le bonheur et la fortune dans mes embrassemens. Si deux ou trois d'entr'elles eurent à se plaindre de moi, c'est qu'elles eurent des torts, et rarement je les pardonne.

Le Français léger et malin, sans approfondir l'affaire de la duchesse de R..., en a beaucoup ri ; il a bien fait. D'autres personnes, se croyant en droit d'être plus sévères, ont vivement condamné mon procédé : celles-ci sont des imbéciles, gens ignorans et bavards, voulant toujours juger des objets sur la superficie.

La duchesse de R..., n'est point une jolie femme ; mais sa taille est bien prise. Sa démarche est facile, et son regard plein de feu. Peu de femmes connaissent mieux l'anecdote du jour, et la racontent avec plus de grâce. L'arme de la satire lui est si familière, que vous prenez souvent pour un compliment ce qui n'est dans son sens qu'un sarcasme adroitement déguisé. Peu de femmes échappent à ses traits, et pas une ne s'en plaint. Elle a le grand secret de mordre et de se faire aimer. Est-elle embarrassée, un mensonge fortement tissu, improvisé sur-le-champ la tire d'affaire, sans que le plus habile puisse la soupçonner d'imposture. Des traits mobiles, toujours prêts à prendre la couleur des circonstances et du moment, en font vraiment un sujet aimable, quoique quelquefois dangereux

Telle qu'elle est, la duchesse de K..., fit ma conquête. Son mari, à la tête d'un des premiers emplois, va souvent coucher dans une jolie maison de campagne qu'il a au nord de Paris. Rarement la duchesse est de la partie, aussi plus d'une fois a-t-elle partagé ma couche

J'ignore quel ressentiment elle conservait contre l'impératrice Joséphine ; mais depuis quelque tems mon épouse était devenue l'objet de ses sarcasmes. Je lui avais témoigné plusieurs fois que ses propos me déplaisaient. Une nuit enfin qu'elle était couchée à mes côtés, après avoir fait mille folies voluptueuses dont elle était la principale actrice, je lui dis en riant : « Comment est-il possible, duchesse, qu'amie des ébats amoureux comme vous l'êtes, vous ayez pris pour époux un homme d'aussi mauvaise renommée en amour que M. le duc ? » La belle fut probablement piquée de la question : car, oubliant ce qu'elle devait à mon rang, elle me fit de l'impératrice un portrait dont chaque coup de pinceau était humiliant pour moi. Ses mœurs et son âge furent tour à tour mis en jeu. Indigné de tant d'audace, je saute à bas du lit, j'en arrache l'insolente duchesse, et je la pousse toute nue dans l'antichambre, en lui jetant ses vêtements. Maintenant. qui oserait me blâmer ? J'aime à croire que tous les Français diront avec moi que le châtiment ne fut pas proportionné à l'injure, puisque la coupable en a été quitte pour cet affront.

> *Amours secrettes de Napoléon Buonaparte,* par l'auteur du *Précis historique* et des *Mémoires secrets* ; seconde édition, revue et corrigée ; à Paris, chez Germain Mathiot, libraire, quai des Augustins, n° 25 ; Imprimerie de Mme Veuve Perronneau, quai des Augustins, n° 39; 1815, tome II, pp. 267 à 271.

On le voit, l'anecdote imaginée par Lewis Goldsmith au sujet de Mme Duchâtel, est devenue article de foi. Comme elle est de bonne guerre pour accabler le grand vaincu, on l'accepte telle quelle du juif anglais, on n'y change pas un mot, et pour la rendre plus piquante on en fait la duchesse de Rovigo l'héroïne. Il y a des gens qui ont pris cela pour de l'histoire.

V

CONSTITUTION D'UN MAJORAT POUR LE FILS DE Mme WALEWSKA

On connaît le rôle du comte Walewski, le fils de la belle Polonaise, sous le second Empire. Il est superflu de le conter ici par le menu, aussi bien est-ce là de l'histoire contemporaine. Mais ce qu'il importe de montrer, c'est ce que fit Napoléon pour cet enfant de 1810. C'est un document des plus importants pour l'histoire amoureuse de

Mme Walewska que le décret de majorat que voici, en faveur de son fils, rendu à la veille de la campagne de Russie. Il prouve de quelle particulière tendresse cette femme fut aimée par l'Empereur, car pour elle, pour son fils, il fit ce que jamais il ne fit dans des décrets de cette nature. M. Frédéric Masson l'a fait excellemment remarquer : « Il n'est pas un seul des nombreux décrets, écrit-il, rendus en matière de constitution de titres et de dotations, qui renferme des clauses analogues. Celui-ci est unique en son genre, déroge expressément à tous les principes qui ont servi de base à la noblesse impériale et rappelle par certaines de ses clauses les dispositions prises par Louis XIV à l'égard des légitimés. »

Le 12 octobre de la même année, un mandataire de Mme Walewska prenait en son nom, possession de ces biens dont le revenu annuel s'élevait à 167.516 fr. 60 c.

Au Palais de Saint-Cloud, le 5 mai 1812.

NAPOLÉON, EMPEREUR DES FRANÇAIS, ROI D'ITALIE, PROTECTEUR DE LA CONFÉDÉRATION DU RHIN, MÉDIATEUR DE LA CONFÉDÉRATION SUISSE, ETC., ETC., ETC.

Nous avons décrété et nous décrétons ce qui suit :

ARTICLE PREMIER. — Les biens situés dans le royaume de Naples, désignés dans l'état ci-joint et qui font partie de notre domaine privé, sont donnés comme nous les donnons par le présent décret au comte Alexandre-Florian-Joseph Colonna Walewski, pour composer le majorat que nous instituons en sa faveur et auquel nous affectons le titre de comte de l'Empire.

ARTICLE II. — Ces biens seront transmissibles à la descendance directe, légitime, naturelle ou adoptive, de mâle en mâle par ordre de primogéniture dudit comte Walewski.

ARTICLE III. — S'il arrive que le comte Walewski vienne à décéder sans enfants mâles, nous ordonnons que ses filles, s'il en a, nées d'un légitime mariage, soient appelées à recueillir les biens composant le majorat et à les diviser entre elles par parties égales.

ARTICLE IV. — Dans le cas prévu par le précédent article, la part des susdits biens échéant à chacune des filles du comte Walewski sera transmissible avec le titre de comte à la descendance mâle, directe, légitime, naturelle ou adoptive, de mâle en mâle, par ordre de primogéniture, de celle qui l'aura recueillie.

ARTICLE V. — Conformément à nos statuts du 1er mars 1808, les biens composant le majorat du comte Walewski feront retour à notre domaine privé : 1° si ledit comte Walewski décède sans postérité ; 2° par l'extinction de la descendance masculine ; 3° par l'extinction de la ligne masculine de chacune des filles dudit comte Walewski, qui, par l'effet de l'article 3, auraient été appelées à recueillir une portion du majorat.

ARTICLE VI. — Jusqu'à la majorité du comte Walewski, nous entendons que la dame Marie, comtesse Colonna Walewska, née Leczinska, sa mère, ait la pleine et entière jouissance des revenus et fruits composant le majorat, à la charge pour elle de pourvoir à l'entretien et à l'éducation de son fils suivant son état, comme aussi d'administrer lesdits biens ainsi que le ferait un bon père de famille et sans que ladite dame Walewska soit tenue de rendre aucun compte des revenus et fruits desdits biens, duquel compte nous la dispensons par exprès.

ARTICLE VII. — A compter de la majorité du comte Walewski et lorsqu'il sera rentré en pleine jouissance de son majorat, nous le chargeons de payer à ladite dame Walewska, sa mère, une pension annuelle et viagère de cinquante mille francs.

ARTICLE VIII. — Arrivant le cas prévu par l'article 3, ou par le décès du comte Walewski, sans postérité mâle, le majorat se trouverait transporté aux filles dudit Walewski, chacune d'elles sera tenue de payer la susdite pension pour la part qu'elle aura recueillie dans les biens du majorat.

ARTICLE IX. — Si le majorat fait retour à notre domaine privé, nous entendons que ladite dame Walewska conserve jusqu'à son décès la pleine et entière jouissance des revenus et des fruits des biens composant le majorat.

ARTICLE X. — L'état des biens que nous affectons au majorat du comte Walewski, sera adressé avec le présent décret à notre cousin le Prince archichancelier de l'Empire, afin que, sur les poursuites et diligences de ladite dame Walewska, il fasse rédiger dans les formes ordinaires les lettres partentes conformes aux dispositions du présent décret, comme aussi pour qu'il ait à procéder à l'acte de l'investiture que nous autorisons ladite dame Walewska à prendre au nom de son fils, dérogeant à cet égard et en tant que besoin à toutes lois, règles et usages contraires.

ARTICLE XI. — Après l'expédition de nos lettres patentes et lorsque ladite dame Walewska aura pris l'investiture, l'intendant général de notre domaine privé mettra ladite dame Walewska au nom de son fils en possession des biens dont nous disposons par le présent décret et lui remettra tous les titres qui en justifient la propriété.

ARTICLE XII. — Notre cousin, le Prince archi.

chancelier de l'Empire, et l'intendant général de notre domaine privé sont chargés, chacun en ce qui les concerne, de l'exécution du présent décret.

NAPOLÉON.

Par l'Empereur,
Le ministre secrétaire d'État,
Intendant général du Domaine privé :

LE COMTE DARU.

VI

ORDRE DE PAYEMENT DE JOSEPH BONAPARTE EN FAVEUR DU SECOND MARI DE MME WALEWSKA

La pièce que nous donnons ici, outre qu'elle est inédite, est curieuse à un autre titre. C'est un bon de payement en faveur de ce futur comte d'Ornano qui, nos lecteurs le savent, devint, sous la Restauration, le second mari de la Belle Polonaise. Il est adressé à Nicolas Clary, beau-frère de Joseph Bonaparte, et son banquier.

Je prie le cit. Nicolas Clary de payer au cit. Ornano la somme de cent louis dont je lui tiendrai compte. *Morfontaine, ce 12 messidor an 11.*

J. BONAPARTE.

Bon pour 2.400 fr.

On sait que le louis valait à cette époque 24 fr. — Ce document est en notre possession.

TABLE DES CHAPITRES

Hector FLEISCHMANN

Les Pamphlets Libertins contre Marie-Antoinette

LA FRANCE GALANTE ET LIBERTINE — UN PAMPHLÉTAIRE ROYAL. — LES AMUSEMENTS DE LA DAUPHINE ET LES DISTRACTIONS DE LA REINE — UN BRELAN D'AMANTS — Mme DE LAMBALLE OU L'EMBARQUEMENT POUR LESBOS — Mme DE POLIGNAC, LA SURINTENDANTE DES PLAISIRS CLANDESTINS — « LA MESSALINE FRANÇOISE »

Avec plus de cent illustrations, caricatures, portraits, autographes, et la réédition intégrale des dix pamphlets libertins rares contre Marie-Antoinette.

Ce livre est une véritable révélation. C'est l'étude tentée pour la première fois de la vie amoureuse et secrète de la Reine à l'aide de documents nouveaux, c'est Marie-Antoinette légère et libertine éclairée d'un jour neuf et insoupçonné. Œuvre dont les illustrations curieuses et rares, et une couverture représentant le bol moulé sur le sein de Marie-Antoinette, augmentent l'intérêt historique.

En vente partout au prix de **3 fr. 50** et aux _Publications Modernes_, 62, rue de Provence.

www.ingramcontent.com/pod-product-compliance
Lightning Source LLC
Chambersburg PA
CBHW070355090426
42733CB00009B/1433